MARCO POLO

Camper Guide

Österreich

Insider-Tipps

Für deine Wohnmobil-Touren

in Zusammenarbeit mit

PaulCamper

Andrea & Mark Markand

Inhalt

Das Beste zuerst

 Insider-Tipp

Serviceangaben

Parkplatz

Fototipp

Hunde willkommen

kinderfreundlich

schöne Lage

€–€€€ Preiskategorien

Planen – Packen – Losfahren

Hol dir den Soundtrack zum Urlaub auf **Spotify** unter **MARCO POLO Austria**

Die besten Touren durch Österreich

MARCO POLO
Digitale Extras

TOUREN-DOWNLOAD

Alle Touren aus diesem Band
als gpx-Download
zur einfachen Orientierung

marcopolo.de/camper-guide/oesterreich

Du findest uns auch auf Instagram und Facebook!

PLAYLIST ZUM ROADTRIP

Den Soundtrack für deinen Urlaub gibt's auf Spotify unter MARCO POLO Austria

Code mit Spotify-App scannen

Alle Infos zum digitalen Angebot unter

marcopolo.de/app

Best of Campingplätze

BARRIEREFREI

Direkt vom Kajak in den Liegestuhl, das geht im Camping Wildalpen.

1 Schönster Panoramablick

Wenn morgens feiner Nebel die Vorarlberger Gipfel einhüllt und das Camp langsam zum Leben erwacht, spätestens dann wird dir klar: Im **Alpencamping Nenzing** bist du hoch oben an einem besonderen Ort angekommen. Lust auf entspanntes Schwitzen in der Panoramasauna nach einem Spaziergang oder einem Bad im Pool? Auf den grandiosen Fernblick musst du hier nie verzichten. ▶ S. 171

2 DER PLATZ FÜR DIE BESTEN KONTAKTE

Die beiden großen Lagerfeuerplätze des **Camping Forstgarten** sind so einladend, dass sich hier allabendlich schnell neue Freunde finden. Das Feuer knistert, die frisch geschnitzten Stockbrotspeere kommen zum Einsatz und Kaltgetränke für Jung und Alt lagern im Trog der Frischwasserquelle. Schnell wächst eine Gemeinschaft zusammen, und viele bleiben länger im Park als gedacht. ▶ S. 91

Tollste Gastgeber

Fast alle Camps sind familiengeführt, und es fällt schwer zu sagen, wer der netteste Gastgeber ist. Sicher ist, Helmut vom **Camping-Paula** gehört auf jeden Fall dazu. Er kennt jeden Campingplatzbewohner und weiß einfach alles: Egal, ob es sich um Ausflüge, Essengehen oder Einkaufen handelt, Helmut hat die besten Tipps. ▶ S. 65

Naturfans mit Bewegungsdrang

Direkt am Fluss lebst du im naturnahen **Camping Wildalpen.** Die meisten Gäste haben ihr Lieblingssportgerät dabei und toben sich beim Mountainbiken und Kajaken aus. Natürlich kannst du auch geführte Touren buchen. Nimmst du einen Vierbeiner mit auf die Reise? Die vielen Wanderwege rund ums Camp werden euch alle glücklich machen. ▶ S. 78

FÜR AKTIVURLAUBER HOHEN ANSPRÜCHEN

Wer einen Platz sucht, an dem viel sportliche Abwechslung in gehobener Ausstattung mit Motivationshilfe geboten wird, der fährt ins **Sportcamp Woferlgut.** Hier ist alles inklusive, und es gibt wirklich viel zu tun. Los geht's auf dem Riesentrampolin. Ponys warten auf mutige junge Reiter und Reiterinnen, am Fußballplatz finden regelmäßig Turniere statt. Während die Eltern Tennis spielen oder sich in der Sauna entspannen, vergnügen sich die Kids bei der Zaubershow, basteln und musizieren oder turnen durch den Niederwaldgarten. Und alle zusammen genießen das riesige Schwimmbad. Immer noch nicht genug Action? Dann reizt dich sicher eine der geführten Rad- oder Wandertouren, die von Mai bis Oktober und von Weihnachten bis Ostern angeboten werden. ▶ S. 113

Entdecke Österreich

SERVUS

Auf den unzähligen Wanderwegen und Biketrails schließt du immer wieder interessante Freundschaften.

Du öffnest die Tür deines Campers: Vor dir der stille See im Morgenlicht, in dem sich die unvergleichliche Bergwelt spiegelt, die sich hinter ihm erhebt. Es duftet nach frischem Kaffee, und die gestern bestellten Brötchen sind auch schon da – schöner aufwachen geht nicht. Die ersten Wanderer machen sich bereits auf den Weg, und eine Familie auf Mountainbikes radelt vorbei, während du einfach nur die frische, klare Bergluft genießt. Was für ein Panorama! Der Abschied fällt schwer, doch die Vorfreude auf das, was noch vor dir liegt, macht das wett. Denn eins wird dir in diesem Moment klar: Du kommst sowieso auf jeden Fall wieder.

Zeitreisen

Weit über 1500 Burgen und Schlösser gibt es in Österreich. Sie verstecken sich in dichten Wäldern, thronen auf dramatischen Felsklippen, bewachen Flussläufe, bilden Ortsmittelpunkte oder tauchen einfach unvermittelt in der Landschaft auf. Wer sich jeden Tag eine anschauen würde, wäre ein paar Jahre beschäftigt ... wüsste dann aber bestens Bescheid über die bewegte Historie des Landes. Denn egal ob verfallene Ruine oder herausgeputztes Märchenschloss: Jedes dieser steinernen Zeugnisse der Vergangenheit erzählt seine eigene Geschichte. Oft sind in den Innenräumen der Burgen Museen untergebracht, die einen Blick ins Mittelalter und das Leben der Fürsten und Bauern gewähren. Prunkvolle Schlösser erinnern an die Doppelmonarchie Österreich-Ungarn. Wer richtig weit in der Zeit zurückreisen will, kann den Kelten nachspüren oder die Steinzeit besuchen: Ötzi lebt; zumindest in der Erinnerung.

GIPFELGLÜCK

Aus Jux und Dollerei auf einen Berg klettern? Das wäre unseren Vorfahren nicht in den Sinn gekommen. Etwa seit dem 18. Jahrhundert steigt das Interesse an derartigen Eskapaden. Im Jahr 1800 wurde der Großglockner erstmalig bestiegen, und seit 1862 organisieren sich österreichische Bergsteiger in Vereinen. Heute hat der Alpinismus eine breite Basis und bietet mit Trends wie dem Freiklettern immer neue Herausforderungen. Der Berg ruft – dich auch?

Man spricht deutsch – oder?

Natürlich spricht man in Österreich deutsch. Allerdings weist die nationale Variante einige Unterschiede in Aussprache, Grammatik und Wortschatz auf. Januar heißt „Jänner“, die Stechmücke heißt „Gelse“, eine Kartoffel kann „Erdapfel“ oder „Grundbirn“ sein. Auf dem Land werden bairische und alemannische Dialekte gepflegt, die sich durchaus nicht direkt erschließen.

Ski Heil – Umwelt kaputt

Die Klimakrise ist längst in den österreichischen Alpen angekommen: Die Region erwärmt sich fast doppelt so schnell wie der Rest der Welt. Wer am Großglockner auf der Kaiser-Franz-Josefs-Höhe steht und alte Bilder des Pasterzegletschers mit dem heutigen Ausblick vergleicht, der kann nur den Kopf schütteln. Die Skigebiete müssen immer öfter mit Kunstschnee berieselt werden; das dazu benötigte Wasser wird der Umwelt entzogen. Die empfindlichen Ökosysteme kommen so immer mehr aus dem Gleichgewicht, und die Effekte verstärken sich gegenseitig. Der WWF hat Österreich im Jahr 2020 ein dramatisch schlechtes Zeugnis in Sachen Naturschutz ausgestellt. Es bleibt zu hoffen, dass die Kräfte, die sich für Nachhaltigkeit einsetzen, mehr Gewicht bekommen.

AUF EINEN BLICK

83.879 km²
FLÄCHE
[Bayern: 70.550 km²]

8,9 Mio.
Einwohner
[Bayern: 13,1 Mio.]

368
Polizisten pro 100.000 Einwohner
[Deutschland: 304; Berlin: 473]

Original Mozartkugeln
3,5 Mio.
STELLT DIE KONDITOREI FÜRST PRO JAHR HER

98,4 %
DER ÖSTERREICHER HALTEN SAUBERKEIT UND ORDNUNG FÜR ÄUSSERST WICHTIG

25.000 JAHRE ALT IST DIE EINMALIGE
Venus von Willendorf
[Barbie: 63 Jahre]

Der Großglockner
3798 m
HÖCHSTER GIPFEL ÖSTERREICHS

30,6
Wiener Schnitzel verputzt jeder Österreicher im Jahr

2900
SEILBAHNEN SPANNEN SICH DURCH DIE ÖSTERREICHISCHEN BERGE

BIO? LOGISCH!

Im Salzburger Land arbeitet fast jeder zweite Bauernhof nach Bio-Richtlinien; über 60 Prozent der landwirtschaftlichen Nutzfläche wird so bebaut – Europarekord. Sachverstand und Herz gehen hier beim Anbau Hand in Hand. Wenn du in der Region bist, solltest du dich in Hofläden mit Bio-Produkten eindecken: Das tut nicht nur dir gut, sondern auch der Umwelt.

Nicht nur sauber, sondern rein

Eines muss man den Österreichern lassen: Überall ist es picobello sauber. Klar, dass man die schöne Landschaft nicht mit Müll verunstaltet ... Auch die Campingplätze, die sanitären Einrichtungen und die Spielplätze sind top gepflegt. Und zwar nicht nur wegen der Touristen, wie ein Blick in die Vorgärten zeigt: Willkommen im Land der Rasenmähroboter!

Mozart vs. Schürzenjäger

Wolfgang Amadeus M. ist vielleicht der berühmteste musikalische Kulturexport des Landes. Aber bei weitem nicht der einzige: Von Brahms, Bruckner und Haydn führt die Liste der Granden der klassischen Musik geradewegs bis zum berühmten Dirigenten Herbert von Karajan. Der Wiener Opernball und viele ähnliche Veranstaltungen halten diese Kultur bis heute lebendig: Hier trifft sich, wer Rang und Namen, Smoking und Ballkleid hat. Dirndl und Lodenjanker hingegen trifft man auf volkstümlicheren Festen. Die Zillertaler Schürzenjäger sind zwar seit 2007 endgültig Geschichte (und Legende), aber geschunkelt und gerockt wird natürlich immer noch – und bei der Gelegenheit auch gleich der Wein- und Braukultur gehuldigt.

ZEICHEN GESETZT

Frau-Mann-Mann-Frau-Frau – als weltoffen präsentiert sich seit 2019 die Wiener Ampelwelt.

Essen & Trinken

BRETTLJAUSE

... die mundet vorzüglich zum guten Wein aus dem Burgenland.

Bei deinem Trip nach Österreich kannst du die Ravioli getrost zu Hause lassen. Die Landesküche ist so lecker und vielfältig – viel mehr als Wiener Schnitzel, Kaiserschmarrn und Mozartkugeln. Das liegt an der Geschichte des Landes: Zur Zeit der k.u.k-Monarchie vermischten sich die lokalen Traditionen mit Einflüssen aus Ungarn, Norditalien und Böhmen. So bildete sich im frühen 19. Jahrhundert die eigenständige Wiener Küche heraus, die an sich schon eine Reise wert wäre. Und dann sind da ja noch die regionalen Spezialitäten in den einzelnen Landesteilen ... Auf zur kulinarischen Entdeckungsreise!

Mach doch mal ne Jause-Pause

Die perfekte Zwischenmahlzeit kommt auf einem Holzbrett: Eine zünftige Brettljause ist eigentlich immer und überall eine gute Wahl. Die Kombination aus frischem Brot mit verschiedenen Fleisch- und Wurstsorten, Käse, sauren Gurken, Meerrettich, Senf und anderen kalten Zutaten ist im ganzen Alpenraum beliebt. Manchmal heißt sie auch Gabelfrühstück: vormittags, im Osten Österreichs. Und wo gibt's das? Am besten in einer Jausenstation, die sich auf diese Speise spezialisiert hat. In den Bergen heißt das Jausenhütte, und wer hier nach einer schönen Wanderung einkehrt, dem schmeckt es gleich doppelt gut. Zur klassischen Jause gehört übrigens auch ein Glas Wein; ein guter lokaler Tropfen, versteht sich. Nur bei der Speckjause, da darf es mal ein Schnapserl sein – am besten aus einer der kleinen Brennereien, wie zu Großvaters Zeiten.

Regionale Spezialitäten

Die unterschiedlichen Landschaften Österreichs prägen die jeweiligen regionalen Küchen. In der Wachau z. B. soll es die besten Marillenknödel geben, weil die Früchte hier besonders süß sein sollen. In Kärnten mit seinen vielen Seen kommt viel Fisch auf den Tisch, außerdem verschiedene Arten gefüllter Nudeln. Die Schlutzkrapfen sind übrigens nahe Verwandte der italienischen Ravioli, falls du die doch in deiner Proviantbox vermisst ... Die Steiermark ist berühmt fürs Kürbiskernöl; das verleiht den dortigen Salaten eine besondere Note. Im Burgenland locken durch die enge Verbindung zu Ungarn allerlei Gulaschvariationen und Paprikahuhn; als Nachtisch *Hullaschoiba'l* (gebackene Holunderblüten mit Zimt und Zucker). Und wer nach Tirol fährt: Der Speck ist eine Klasse für sich! Dazu ein Stück Graukäse mit Essig, Öl und Zwiebelringen sowie ein Kanten Brot – fertig ist die zünftige Jause.

DIE BERÜHMTESTE TORTE DER WELT

Seit 1832 top secret: Das Rezept der originalen Sachertorte, die es nur im Hotel Sacher in Wien gibt. Profan gesagt, ist die süße Sünde eine Schokoladentorte mit Marillenmarmelade im Inneren. Als ob es so einfach wäre ... Wer sich nicht ins touristische Getümmel im Sacher selbst stürzen will, kann einfach in einer der vielen Konditoreien Wiens ein Stück Torte „nach Sacher Art" probieren: Das schmeckt ebenfalls und schont noch dazu den Geldbeutel.

Nachschub für die Womoküche

Zu Gast beim Europameister in Sachen Supermarktfläche musst du dir um die Grundversorgung keine Gedanken machen. Viel mehr Spaß macht der Einkauf aber in einem der über 1000 Bauernläden. Oft kannst du auch einen Blick in die Produktion werfen, oder die Kinder streicheln ein paar Tiere.

MENÜKARTE

Vorspeise

Grießnockerlsuppe
Klare Rindersuppe mit Klößchen

Eierschwammerlsuppe
Gedünstete Pfifferlinge in Gemüsebrühe mit einem Schuss Sahne

Brettljause
Brot, Käse, Schinken und Wurst, angerichtet auf dem Holzbrett

Steckerlfisch
Marinierter, am Stock gegrillter Fisch

Hauptgerichte

Wiener Schnitzel
Paniertes Kalbsschnitzel; alternativ „nach Wiener Art" Schwein- oder Huhnvariationen

Tafelspitz
Gekochtes Rindfleisch, traditionell mit Kren (Meerettich) serviert

Kaiserschmarrn
Fluffige, zerstoßene Pfannkuchen mit Puderzucker, dazu gedünstete Zwetschgen mit Gewürzen

Backhendl
Panierte, frittierte Hühnerteile

Desserts & Snacks

Palatschinken
Dünne Eierpfannkuchen mit süßer Füllung (oder pikant, dann eher als Vorspeise)

Apfelstrudel
Mit süßsauren Äpfeln, Rosinen, Zimt und Zucker gefüllte Teigrolle

Punschkrapferl
Rosa Bisquitwürfelchen mit Marme- oder Schokoladenfüllung – und gerne mit Alkohol.

Getränke

Blauer Zweigelt
Den Rotwein am besten im Hauptanbaugebiet Neusiedler See probieren

Sturm
Der noch gärende Jungwein ist spritzig und erfrischend

Most
Unvergorener süßer Trauben- oder Apfelsaft

Melange
Wiener Kaffeespezialität; halb Espresso, halb aufgeschäumte Milch, mit Milchschaum gekrönt

ENTSCHLEUNIGUNG IM KAFFEEHAUS

Die Wiener Kaffeehäuser sind seit Jahrhunderten Zentrum des gesellschaftlichen Lebens in Österreich. Stundenlang sitzt man bei Kaffee und Zeitung und sinniert über den Gang der Welt. Viele Cafés haben einen Außenbereich, den Schanigarten, von wo aus kann man wunderbar die vorbeispazierenden Passanten beobachten.

Auf zum Heurigen

„Ausg'steckt is" – wenn dieses Wort die Runde macht, spitzen Genießer die Ohren. Dann öffnet nämlich der Buschenschank, eine nur zeitweise geöffnete Lokalität, in dem ein Landwirt oder Winzer seine Produkte anbietet: vorzugsweise frischen Most oder Wein. Früher wurde das mit einem am Eingang „ausgesteckten" Zweigbüschel *(Buschn)* signalisiert. Und klar – zum Wein darf die Jause nicht fehlen.

Die Königin am Würstlstand

Eingeborene und Besucher huldigen ihr gleichermaßen: Die Burenwurst ist seit dem 19. Jahrhundert die Nummer eins am Würstchenstand. Am besten schmeckt die *Haße* (Heiße) mit süßem Senf und Kaisersemmel. In ihrem Hofstaat Vertreter von Rang und Namen: z. B. Wiener Würstchen (die hier Frankfurter heißen), Käsekrainer (umgangssprachlich: die Eitrige), kräftige, stark geräucherte Waldviertler oder Paprika-verfeinerte Debreziner (mit Estragonsenf probieren). Dazu ein Bier oder einen Almdudler (Kräuterlimo) – perfektes Wiener Streetfood. Einige Vertreter fremder Nationen wie Hot Dog und Currywurst würden übriges kurzerhand ins Würstlreich integriert. Andere, wie Döner & Co., koexistieren friedlich in der Bude nebenan. Nur Vegetarier gehen leer aus: Der Versuch, einen „Vleisch"-Stand zu etablieren, ist gescheitert.

INSTITUTION

Wo kann ein Urlaubstag besser ausklingen als beim Heurigen?

Trend- & Funsport

VOLKSSPORT

Auf eine SUP-Fahrt über die wunderbaren österreichischen Seen muss keiner verzichten.

Stand-up-Paddling

Wann? Im Sommer.

Wo? Auf den Seen und Flüssen des Landes, vor allem im Salzkammergut.

Wie? SUP-Verleihe gibt es immer öfter an Campingplätzen und auch in den Sportgeschäften. SUPs kosten pro Stunde um die 10 €, tageweise um die 35 €. Wer mag, bucht eine geführte SUP-Tour, u. a. bei *sup-attersee.at*. Noch unsicher? Dann belege einen Kurs, z. B. bei Stand Up paddle Salzburg *(stand-up-paddle-salzburg.at)*.

Paragliding

Wann? Das ganze Jahr.

Wo? In die Luft geht's fast überall – zumindest, wenn Berge nicht fern sind. Das ist in Österreich ja oft der Fall – ideale Bedingungen also. Beliebt sind u. a. der Achensee, das Zillertal und Zell am See.

Wie? Lernst du nahe Bregenz in Andelsbuch, dann hilft dir das dort herrschende Mikroklima mit super Hangaufwinden. Möchtest du nur mal schnuppern, ist ein Tandemsprung genau das Richtige.

Mountainbiking

Wann? Ab der Schneeschmelze im Frühjahr bis zum ersten Schnee – von März bis November je nach Region.

Wo? In ganz Österreich. Es gibt moderate Touren, etwa im Salzkammergut, und anspruchsvolle Trails in Bikeparks in den hohen Bergen, die zu den besten Europas zählen *(bikeparks.at)*. Dafür geht es in der Regel erstmal mit der Gondel den Berg hinauf.

Wie? Wichtig sind Kondition, Lust an Anstrengung und Adrenalin und natürlich ein gutes Fahrrad. Das bringst du im Idealfall selber mit, denn dann kennst du besser seine Stärken und Schwächen. Oder du vertraust dich einem Leihrad an, die in fast allen Orten in Sportgeschäften zu finden sind. Viele gute Verleihstationen betreibt Intersport *(intersportrent.at/fahrrad verleih)*.

Klettern

Wann? Ganzjährig. Wenn es draußen regnet oder zu kalt ist, locken die zahlreichen Kletterhallen an die Wand.

Wo? Vor allem in Tirol – auch Kletterhimmel genannt – treffen sich Kletterfans aus aller Welt, z. B. am Klettersteig Gerlosstein *(zillertalarena.com/de/zell/sommer/aktiv-klettersteig.html)*. Aber auch andere Regionen Österreichs sind beliebt: etwa das Maltatal in Kärnten, das „Land der stürzenden Wasser" *(maltatal.rocks/kletterfuehrer-maltatal-topo)*. Lohnend vor allem für Fans des Boulderns ist der Silvapark Galtür *(galtuer.com)*.

Wie? Viele bringen ihr eigenes Equipment mit. Vor Ort gibt es aber auch überall Verleihe. Wichtig: Wenn du keine Erfahrung hast, engagiere immer einen Führer.

ÜBER ALLEN WIPFELN IST RUH

... denkt sich die Kuh und schaut ungläubig zu.

Die besten Touren durch Österreich

UNGLAUBLICH
36 Kurven, 48 Kilometer – die Großglockner Hochalpenstraße ist nur ein Beispiel für die fantastischen Straßen, auf denen du Österreich erkunden kannst.

Alle Touren im Überblick

Tábor
Písek
Česko
Třebíč
BRNO
Znojmo
Passau
Die Romatikstraße
Seite 22
Österreich
SVK
Wachau
Von Salzburg nach Wien
A
LINZ
WIEN
St. Pölten
Wels
BRATISLAVA
Steyr
Einmal mittendurch
Seite 70
Wiener Neustadt
Salzkammergut
C
Gesäuse
Mariazell
Neusiedler See
Sopron
B
Von Wien nach Graz
Ramsau am Dachstein
Von Graz durch die Hochsteiermark und das Gesäuse nach Zell am See
Die Haupstadt & das Burgenland
Seite 46
GRAZ
D
Von Kufstein nach Klagenfurt
Magyarország
KLAGENFURT am Wörthersee
Bad Radkersburg
Nagykanizsa
Slovenija
Hrvatska
LJUBLJANA
ZAGREB
TRIESTE

ALPENIDYLLE

Kein Wunder, dass sich schon der viel gereiste Humboldt ins Gosautal verliebte.

Die Romantikstraße
Von Salzburg nach Wien

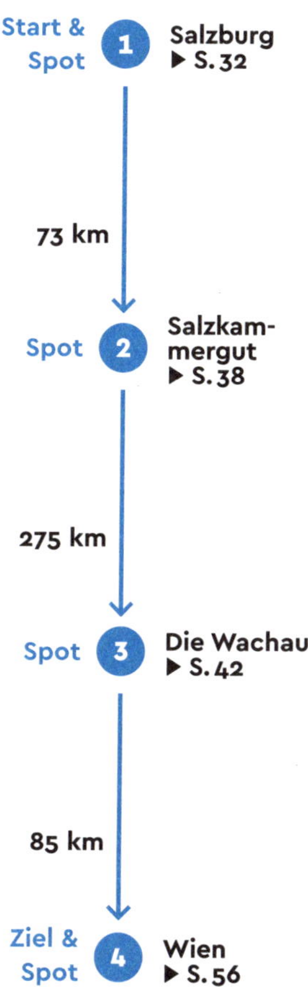

Diese Strecke ist wirklich zum Verlieben: Die etwa 400 Kilometer lange Romantikstraße verbindet aber nicht nur einige der schönsten Städte des Landes miteinander. Kultur und Natur reichen sich hier besonders anmutig die Hand; gut erhaltene, zum Teil denkmalgeschützte Altstädte und prachtvolle Klöster laden ebenso zur Erkundung ein wie die entzückende Kulturlandschaft der Wachau und die großartige Natur im Salzkammergut. Und wie wär's mit einem Abstecher zum „Auge Gottes"?

Tour A im Überblick

Tour-Highlights

Die Wasserspiele im Lustgarten von *Schloss Hellbrunn* in *Salzburg* bestaunen ▶ **S. 33**

In die Eishöhle mitten im Sommer geht es in der *EisRiesenWelt* in *Werfen* ▶ **S. 34**

Auf Geschacksrundreise entführt dich die *dSpeis Genussaufnahmestube* von *St. Wolfgang* im Salzkammergut ▶ **S. 40**

Ob Grüner Veltliner oder Riesling – In der *Wachau* lohnt ein Besuch beim *Winzer Krems* ▶ **S. 43**

Campen, wo schon Richard Löwenherz seine Zeit verbrachte – das geht im *Camping Rossatz* in der *Wachau* ▶ **S. 45**

Ⓐ Tourenverlauf

Start & Spot 1

Salzburg

Mehr als nur Mozart und Mirabellengärten ▶ S. 32

73 km

Aus der Salzburger Innenstadt (Schloss Mirabell) startet die Route über die B1 nach Westen. Nach Überquerung der (westlichen) Bahngleise zweigt halbrechts die B158 ab – zwei Spitzkehren später verschwindet die Stadt schon im Rückspiegel. Wenige hundert Meter weiter könnten rechts Gleitschirmflieger im Tiefflug auftauchen: Hier befindet sich ein Landeplatz. Die Straße schlängelt sich weiter durch gepflegte kleine Ortschaften und am Südufer des hübschen Fuschlsees entlang, bis du schließlich das Strandbad St. Gilgen am Wolfgangsee erreichst. Von hier aus führt die B158 etwa eine Viertelstunde am Südufer des Sees entlang und dann weitere zehn Minuten bis ins schöne **Bad Ischl**, wo Kaiserin Sissi ihre Sommer verbrachte. Von dort sind es nur noch 20 Kilometer über die B145 nach Süden bis ins weltberühmte Hallstatt (▶ S. 39) am gleichnamigen See: Jetzt hast du es erfahren, das Salzkammergut.

Kurz vor der Ortseinfahrt St. Gilgen gibt es am Hang einen kleinen Parkplatz, von dem aus du ein tolles Foto mit Blick auf den See schießen kannst (GPS 47.772436, 13.352337).

Spot 2

Das Salzkammergut

Wo Kaiser und Könige urlauben ▶ S. 38

20 km

Wer sich in die Region verliebt hat (was vielen passiert), sollte einen Abstecher nach Gosau westlich des Hallstätter Sees an der B166 in die Tour einplanen.

Gosau

Der Ort liegt in einem langgestreckten Tal, das mit seinen umliegenden Almen zu ausgiebigen Wanderungen einlädt. Highlight ist jedoch der **Vordere Gosausee,** von dem aus man einen tollen Blick auf den Dachsteingletscher hat. Ein beeindruckender Ort – der weitgereiste Naturforscher Alexander von Humboldt bezeichnete den See gar als das „Auge Gottes". Ein einfach zu gehender Spazierweg führt in etwa einer

Stunde um den See. Anschließend lockt eine deftige Brotzeit bei Vroni Egger in der urigen **Seeklausalm** (auch „Klacklalm" genannt).

i *Anf./Mitte Mai–Mitte/Ende Sept. tgl. | Tel. +43 61 36 84 07*

P *großer Parkplatz am Nordufer des Vorderen Gosausees | GPS 47.533882, 13.494494 | auch Startpunkt des Spazierwegs*

55 km Nach der Erkundung dieses Salzkammergut-Highlights geht es von Gosau zurück nach Bad Ischl und dort an der T-Kreuzung rechts weiter auf der B145 Richtung Traunsee. An dessen Westufer liegt das malerische Örtchen Traunkirchen auf einer Halbinsel. Achtung: Die B145 führt hier als Umgehungsstraße um den Ort herum – also nicht vom Seeufer abbiegen, sondern halbrechts die Seestraße nehmen.

Traunkirchen

Das hübsche Örtchen blickt auf eine lange Geschichte zurück, die man auf dem Kulturweg Via Historica erwandern kann *(Start am Ortsplatz; zwei Etappen, jeweils etwa 45 Minuten)*. Sehenswert ist die **Pfarrkirche** (am Ende der ersten Etappe), die in barockem Stil 1632 auf den Trümmern eines abgebrannten Klosters errichtet wurde. Eine auffällige Besonderheit ist die Fischerkanzel – die Apostel Jakobus und Johannes ziehen hier ein Netz voller Fische ins Boot; glitzerndes Wasser tropft

KLETTERMAX

Auf der Direttissima geht es vom Gosausee, dem Auge Gottes, nach oben.

herab. Ein unbekannter Meister schuf diese einmalige Holzarbeit im Jahre 1753.

P *Zentral liegen einige kostenpflichtige Parkplätze: z. B. P4 „Klosterplatz" (GPS 47.845557, 13.791023) direkt an der Kirche oder der größere P5 „Ortsplatz" (GPS 47.844541, 13.789225) etwa 100 Meter weiter südlich am Hafen. Gebührenfrei sind P1 „Harrachberg" (GPS 47.845858, 13.786696) und P2 „Lunn Park" (GPS 47.845545, 13.787677) ca. 5 Fußminuten westl. des Ortskerns.*

10 km Weiter geht's über die Seestraße, die kurz darauf wieder auf die B145 trifft. Zehn Kilometer weiter am Nordufer des Sees erstreckt sich die Kleinstadt Gmunden.

Gmunden

Das vor der Stadt auf einem Inselchen liegende **Seeschloss Ort** (*tgl. 10–17 Uhr | Tel. +43 76 12 79 481*) wurde schon im Jahre 909 erstmals urkundlich erwähnt und lohnt eine Besichtigung – tatsächlich ist an manchen Tagen hier derart viel los, dass einige sich mit einem Blick von außen begnügen.

P Der Parkplatz „Gmunden Toscana" (GPS 47.911260, 13.786966) liegt nahe am Seeschloss und an einer Parkanlage.

i Das dortige Gästezentrum des Tourismusverbands (Toscanapark 1 | Tel. +43 76 12 74 451 | 8.30–17 Uhr | traunsee-almtal.at) hält viele Informationen bereit. Womostellplatz (24 €/24 Std., keine Infrastruktur).

41 km Ein letzter Blick in die Berge des Salzkammerguts, und weiter geht es auf der Romantikstraße. Sie überquert die Traunbrücke und führt als B120 vorbei an Pettenbach und Ried im Traunkreis nach Kremsmünster.

Stift Kremsmünster

Das bedeutende Benediktinerkloster stammt aus dem Jahr 777 und wird bis heute von Mönchen bewohnt. Wer einen Blick auf den größten Schatz, den kostbaren, fein verzierten Tassilokelch, werfen möchte, sollte sich zu einer Führung anmelden.

i Mai–Okt., Di–So 10–16.30 Uhr | Führungen Kloster 11.30 und 14, Sternwarte 10, 14 und 16 Uhr | stift-kremsmuenster.at

Insider-Tipp
Dem Himmel so nah

Das höchste Gebäude hier ist die Sternwarte; Besichtigung (nur) im Rahmen von Führungen. Tolle Exponate, super Blick von der Aussichtsterrasse.

P Der Stiftsparkplatz liegt direkt gegenüber vom Kloster in der Biegung der Welser Straße (GPS 48.054316, 14.126410).

28 km Vom Kloster aus am nördlichen Ortsrand vorbei nun wieder auf die B122 nach Osten navigieren. Durch Bad Hall und vorbei an Sierning führt die Route nach Steyr.

Steyr

Die entspannte Kleinstadt ist berühmt für ihre **Altstadt.** Der Stadtplatz gilt als eines der besterhaltenen Ensembles historischer Gebäude im gesamten deutschsprachigen Raum. Sehenswert auch das ein paar Fußminuten weiter auf dem Hügel gelegene **Schloss Lamberg** – man beachte die Steinböcke im Burggraben.

Ⓐ Tourenverlauf

🅿 Besonders zentral, aber nur für kleinere Fahrzeuge geeignet, sind die Parkplätze direkt am Ufer der Enns einen Häuserblock westlich des Stadtplatzes (GPS 48.040254, 14.420848). Wer hier nichts findet, kann es noch gegenüber der Orangerie am Schlosspark versuchen (GPS 48.0417890, 14.417063). Ansonsten aufs gegenüberliegende Flussufer ausweichen: z. B. gleich links hinter der Schönauer Brücke am Schiffmeisterhaus (GPS 48.035970, 14.419400) oder den P&R-Platz am Bahnhof nutzen (kostenlos für 3 Std.; GPS 48.038054, 14.422715).

121 km Von Steyr aus führt dich der Weg nun über die B309 nach **Enns** – in die älteste Stadt Österreichs –, und wenn du von historischen Altstädten nicht genug bekommen kannst, solltest du hier einen Rundgang machen. Anschließend geht's über die Donau. Direkt hinter der Brücke in Mauthausen links abbiegen auf die B3 Richtung Westen. Nach 24 Kilometern „über Land" schlängelt sich die Straße anschließend die nächsten 47 Kilometer am Ufer der Donau entlang – eine einmalig schöne Strecke, gesäumt von Burgruinen und kleinen Ortschaften. Schließlich tauchen am gegenüberliegenden Ufer der Donau die gelben Mauern des Benediktinerklosters **Stift Melk** (▶ S. 43) auf: Hier beginnt die **Wachau** (Betonung auf der letzten Silbe, ▶ S. 42), eine wunderschöne Kulturlandschaft, die es auf die Liste des UNESCO-Welterbes geschafft hat. Die Romantikstraße macht ihrem Namen alle Ehre und windet sich weiter am Flussufer lang durch die hübschen Ortschaften Aggsbach Markt, Willendorf, Spitz und Weißenkirchen bis nach **Krems** (▶ S. 43).

Insider-Tipp

Dieser Fisch geht am Stock ...

... über die Theke. In den unzähligen Wachau-Gasthöfen wird häufig Steckerlfisch gegrillt – ideal zum Mitnehmen für ein Picknick am Flussufer.

📷 Von der Aussichtsplattform der Turmruine Sarmingstein (GPS 48.232111, 14.940374) kannst du ein schönes Foto vom Donautal und seinen bewaldeten Hängen machen. Parke 400 m weiter am Bahnhof; von dort sind es nur 5 Min. zu Fuß.

Spot 3

Die Wachau

Glück und Genuss am Donau-Ufer ▶ **S. 42**

85 km Wer es eilig hat, kann von Krems aus in einer knappen Stunde über die S5 und später die A22 nach Wien brausen. Gemütlicher ist es, südlich der Donau die B43 zu nehmen. Weiter auf der B1 Atzenbrugg und schließlich bei Einsiedl im Kreisverkehr die zweite Ausfahrt (B19) nehmen: Die Straße führt nach **Tulln,** und hier kannst du eine Pause einlegen und den schön angelegten Garten besuchen *(tgl. 9–18 Uhr | diegartentulln.at)*. 70 themenbezogene Schaugärten, ein Baumwipfelweg und ein Abenteuerspielplatz – perfekt für Familien. Von Tulln aus führt die B14 in etwas mehr als einer halben Stunde nach **Klosterneuburg** mit seinem Benediktinerstift *(tgl. 9–17 Uhr | stift-klosterneuburg.at)*. Bevor es nun in die Landeshauptstadt geht, solltest du vom Kloster aus auf den südlich gelegenen Kahlenberg zum **Aussichtsplatz Cobenzl** *(GPS 48.263470, 16.322960)* fahren: Jetzt liegt dir Wien zu Füßen. In der Nähe gibt es mehrere Restaurants, einen Spielplatz und ein Weingut.

P *Der nahe gelegene Parkplatz „Bellevuewiese", Himmelstraße 115, Wien (GPS 48.259984,16.319791) ist kostenlos.*

Ziel & Spot 4

Wien

Kaiserliches Erbe und moderner Lifestyle ▶ **S. 56**

Optionaler Anschluss: Tour B

AUFGESTECKT

Steckerlfisch als Fingerfood, wenn der kleine Hunger kommt.

Salzburg
Mehr als nur Mozart und Mirabellengärten

Mozartstadt, Festspielstadt, Salzstadt – das sind einige der Zweitnamen, mit denen sich Salzburg schmückt. Mal kommen Kultur und Geschichte pompös und protzig daher, mal urig und verspielt, mal sind sie einfach nur schön anzusehen. Die Natur ist nah und das Salzburger Umland bekannt für seine ökologische Landwirtschaft. Nachhaltigkeit und Kultur – diese gesunde Mischung aus imposanter Vergangenheit und modernem Lifestyle macht den besonderen Reiz eines Salzburgbesuchs aus.

P *Parkplatz Lindhofstraße 20 | Salzburg | GPS 47.804669, 13.032258*

MIRABILE

Bewundernswert ist nicht nur der Salzburger Mirabellgarten, sondern auch der Ausblick auf Dom und Burg.

AKTIVITÄTEN & SIGHTSEEING

1 Durch die historische Gasse der Zünfte streifen

Die berühmteste Straße Salzburgs ist die **Getreidegasse** – die kunstvollen Zunftzeichen an den alten Häusern sind noch gut erhalten. Es gibt wohl kaum eine Geschäftsstraße, in der die Namensbanner moderner Handelsketten so gekonnt in antikem Gewand für sich werben. ***Infos:*** *GPS 47.800226, 13.042545*

2 Mit Mozart auf Tour gehen

Mozart lebte und arbeitete viele Jahre in dieser Stadt. Ob in den Mozartmuseen, als Statue auf dem Mozartplatz, mit seiner Musik auf zahlreichen Festspielen oder als Namensgeber der süßen Kugeln in den Confiserien: Das musikalische Genie ist allgegenwärtig. In der Getreidegasse Nr. 9 befindet sich **Mozarts Geburtshaus,** in dem er im Januar 1756 zur Welt kam. Im Salzburger Dom wurde er getauft. ***Infos:*** *Museen gibt es im Geburts- und im Wohnhaus: jeweils Mi–So 10–15.30 Uhr | 12 bzw. 18,50 € für beide Häuser | mozarteum.at*

3 Grünes Weltkulturerbe am Schloss Mirabell bewundern

Schön ist es hier nahezu das ganze Jahr, denn auch wenn es im **Mirabellgarten** (der Name geht auf einen weiblichen italienischen Vornamen zurück, der sich aus *mirabile* – bewundernswert – und *bella* – schön – zusammensetzt) mal nicht blüht und gedeiht, so beindruckt seine perfekte geometrische Ausrichtung auf Dom und Festung in jedem Fall. ***Infos:*** *tgl. ab. 6 Uhr bis Einbruch der Dunkelheit | Eintritt frei | Mirabellplatz | Salzburg*

4 Das Mittelalter erleben

Seit dem 11. Jahrhundert thront die **Festung Hohensalzburg** über der Stadt auf dem Stadtberg und ist nicht wegzudenken aus der Skyline Salzburgs. Hinter den massiven Steinmauern verbergen sich wahrhaft prunkvolle Innenräume mit echtem Wow-Effekt. Doch ganz besonders beliebt ist der 360-Grad-Blick vom Turm aus. Hoch zur Burg geht's mit der der Festungsbahn. ***Infos:*** *Mai–Juni 9–18, Juli–Aug. 8.30–20, Sept.–Dez. 9.30–17 Uhr | 8,50–16,60, Kinder 4,90–9,50, Familien 21,50–42 €, online gebuchte Tickets sind günstiger | Mönchsberg 34 | Salzburg | salzburg-burgen.at/de/festung-hohensalzburg/*

5 Mit Wasser spielt sich's gut

Verwunschene Grotten, Brunnen und wasserspeiende Figuren, vom Wasser betriebene Automaten und sogar ein mechanisches Theater: Der **Lustgarten** des **Schlosses Hellbrunn** ist seit seiner Baulegung 1916 legendär. ***Infos:*** *6.30–20 Uhr, Wasserspiele Mi–So und an Feiertagen | 10,50, Kinder 4–18 J. 4,50, Studenten 7 €, Tickets auch online | Fürstenweg 37 | Salzburg | hellbrunn.at*

6 Alt und modern gesellt sich gern

Du bist Flugzeug- und Rennautofan? Dann wirst du es in dieser Halle nah am

Flughafen lieben. Und auch wenn es einfach mal nur etwas moderne Architektur sein darf bei all den Schlössern, ist der imposante Glasbau **Red Bull Hangar-7** aus 1200 Tonnen Stahl und 380 Tonnen Spezialglas eine willkommene Abwechslung. ***Infos:*** *tgl. 9–22 Uhr | Eintritt frei | Wilhelm-Spazier-Straße 7A | Salzburg | hangar-7.com/de*

7 Im Sommer ins Eis steigen

Eine Welt aus Eis im Berg mitten im Sommer, wenn drumherum alles grünt und die Sonne scheint: verrückt. Irre auch, dass sich der Eiszauber der **Eis-RiesenWelt** jedes Jahr im Frühling erst neu bildet. Die Höhle befindet sich in Werfen (etwa 50 km von Salzburg entfernt). Es ist die größte Höhle ihrer Art, und auch wenn von den insgesamt 40 Kilometern Höhle nur etwa ein Kilometer begehbar ist – es ist echt aufregend, nur mit einer Hand-Karbidlampe ausgerüstet die faszinierende Eislandschaft zu erkunden. Und zu erfahren, wieso, weshalb und warum es diese Höhle eigentlich gibt. ***Infos:*** *1. Mai–26. Okt. 8.30–15 Uhr | 33, Jugendliche 15–18 J. 23, Kinder 5–14 J. 18 € | Eishöhlenstraße 30 | Werfen | Eisriesenwelt.at* ***Anfahrt:*** *60 km | 50 Min. über die A10*

REGENTAG – UND NUN?

8 Natur und Wissenschaft zum Anfassen

Im **Haus der Natur** sind uns Mammuts und Dinosaurier ganz nah, aber auch im Aquarium und im Reptilienzoo gibt es viel zu entdecken. Richtig spannend wird es im Science Center, in dem viele interaktive Experimente nicht nur Kinder Neues lehren. Toll ist es z. B., Mozart nicht nur zu hören, sondern auch zu spüren. ***Infos:*** *tgl. 9–17 Uhr | Erwachsenen 8,50, Kinder 4–15 J. 6 € | hausdernatur.at*

9 Den Kelten auf die Spur kommen

Das **Keltendorf Salina** auf dem Dürrnberg ist zwar nur nachgebaut, aber genau hier haben die Bergleute vermutlich vor 2500 Jahren gelebt und in der nahe gelegenen Grube Salz abgebaut. ***Infos:*** *9–17, Nov/Dez. bis 15 Uhr | 5, Kinder 4–15 J. 2,50 € | Lettenbühel 4 | Bad Dürrnberg | keltenmuseum.at/standorte/keltendorf-salina* ***Anfahrt:*** *30 km | 20 Min. von Salzburg über die B150*

10 Gesalzene Geschichte

Richtig viel über das weiße Gold erfährst du in den **Salzwelten Hallein.** Mit der Grubenbahn geht's hinab; besonders lustig sind die letzten Meter auf der Grubenrutsche. ***Infos:*** *9–17, Nov./Dez. nur bis 15 Uhr | inkl. Keltendorf 30, Kinder 4–15 J. 15 € | Ramsaustraße 3 | Dürrnberg | salzwelten.at* ***Anfahrt:*** *30 km | 20 Min. über die B150*

ESSEN & TRINKEN

11 Meat2eat

Steaks, Fisch und Salate vom Feinsten. Frische Zutaten und eine Speise-

karte, die sich je nach Saison ändert. Auch Vegetarier werden hier glücklich und satt. ***Infos:*** *Di–Do 11.30–14 u. 18–22, Fr/Sa 17.30–23 Uhr | Innsbrucker Bundesstraße 136 | Salzburg | Tel. +43 66 28 25 040 | meet2eat.at | €€–€€€*

12 Imlauer Skybar & Restaurant

Aus Zutaten der Region werden nationale und internationale Gerichte gezaubert. Bei gutem Wetter sitzt man am besten draußen unter einem der schattenspenden Sonnenschirme und genießt den Blick von oben auf die Stadt. ***Infos:*** *tgl. 9–24 Uhr | Rainerstraße 6 | Salzburg | Tel. +43 66 28 89 78 666 | imlauer.com/imlauer-sky-bar-restaurant | €€€*

13 The Green Garden

Ob Buddha Bowl oder veganer Burger, für alle, die bio, vegetarisch oder komplett tierfrei essen mögen, ist dieser Platz genau richtig; hier ist sogar der österreichische Wein vegan. Inhaberin Julia bedient, kocht und ihre Frühstücksboxen haben es nicht nur auf Instagram zu Ruhm gebracht. ***Infos:*** *Di–Fr 12–15 u. 17.30–22, Sa 9–14 u. 17.30–22, So 9–14 Uhr | Nonntaler Hauptstraße 16 | Salzburg | Tel. +43 66 28 41 201 | thegreengarden.at | €*

14 The Jigger Bar

Der Platz für Cocktailfans. Barkeeper und Besitzer Michael Steinbacher kann nicht nur die Klassiker – er und sein Team kreieren auch immer neue Geschmackserlebnisse. ***Infos:*** *Di–Do 18–0, Fr/Sa 18–2 Uhr | Schallmooser Hauptstraße 44 | Salzburg | Tel. +43 66 04 44 54 94 | thejigger.bar | €€*

EINKAUFEN

15 RK – Der Messermacher

Bei RK in der Salzburger Innenstadt gibt es nicht nur unfassbar schöne Mes-

NICHT NUR MOZART

Salzburger Nockerln sollen die verschneiten Salzburger Hausberge darstellen.

ser; der Meister selbst lehrt Interessierte auch, wie man so ein Unikat selber schmiedet oder wie ein Profi die Messer schärft. ***Infos:*** *Mo–Sa 10.30–13.30 u. 14–18 Uhr | Getreidegasse 25 | Salzburg | messermacher.at*

16 Schrannenmarkt

Jeden Donnerstag könnt ihr eure Kühlbox auf dem Wochenmarkt vor der St.-Andrä-Kirche mit frischem Obst und Gemüse aus der Region füllen. Den direkten Hunger stillen knusprige Brathendl und Würstl. Auch Handwerker aus der Region verkaufen hier ihre Waren. ***Infos:*** *Do 5–13 Uhr, Mi, wenn Do Feiertag | Salzburg | GPS 47.805833, 13.043785*

AUSGEHEN & FEIERN

17 Rock me Amadeus

Ganz direkt gesagt: So richtig gut ausgehen und feiern, das gibt es in Salzburg nicht. Szenebars oder gar weltweit bekannte Clubs? Fehlanzeige, auch wenn sich die Szene redlich müht. Irgendwie klappt es noch nicht so richtig. Die Salzburger gehen wohl lieber weiterhin in ihre angestammten Lokale und Bierstuben, vor allem in der Altstadt. Und die vielen Studenten? Die schnappen sich meist ein Bierchen oder eine Flasche Wein und setzen sich ans Ufer der Salzach. Das geht wunderbar auf Höhe der Altstadt zwischen Karolinen- und Lehenerbrücke, etwa am **Salzburger Steinstrand** nördlich des Marko-Feingold-Stegs. ***Infos:*** *GPS 47.802205, 13.042126*

STELL- & CAMPINGPLÄTZE

18 So fern der Stadt und doch so nah

Campen in der Natur, umgeben von Feldern und das ganz nah an Salzburg. Den

FÜSSE HOCH

Nach dem anstrengenden Sightseeing erholst du dich gut auf dem Panorama-Camping Salzburg.

Panoramablick gibt es wirklich, und zwar von fast allen Stellplätzen aus: Vorne Salzburg, hinten die Berge – die Stadt sieht von hier aus wie ein kleines Dorf, natürlich mit obligatorischer Kirchturmspitze. Zu Fuß geht es auf einem Feldweg Richtung Innenstadt, und bereits 30 Minuten später ist Sightseeing angesagt. Für Fußfaule fährt natürlich auch ein Bus. Der als Familienbetrieb geführte Platz bietet saubere WC-Anlagen und ein Restaurant mit traditioneller Hausmannskost.

Panorama-Camping Salzburg

€€ | Rauchenbichlerstraße 21 | Salzburg | Tel. +43 66 24 50 652 | panorama-camping.at | Mitte Mai–Anfang Nov.
GPS 47.828640, 13.052388

- **Größe:** *70 Stellplätze, Apartments*
- **Ausstattung:** *Restaurant, nur Barzahlung*

19 Ankommen – egal wann

An diesem Stellplatz (keine Zelte) ist es zwar nicht so heimelig wie auf anderen Campingplätzen, aber die Anlage ist sauber, günstig und zentrumsnah. Wer hier nicht urlauben, sondern sich primär die Stadt ansehen will, ist genau richtig. Es gibt kaum bis keinen Schatten, und alles ist sehr akkurat abgezirkelt – gemütlich geht anders. Die Gebühren sind jedoch niedrig und gelten für egal-wie-viele Personen pro Womo. Einchecken ist jederzeit möglich, Abreise bis 12, bzw. mit etwas Aufpreis um 17 Uhr. Mit dem Bus dauert es nur 15 Minuten bis ins Zentrum.

Reisemobilstellplatz Salzburg

€ | Carl-Zuckmayer-Straße 26 | Salzburg | Check-in 24 Std. | Tel. +43 67 69 11 42 44 | reisemobilstellplatz-salzburg.at | ganzjährig
GPS 47.835778, 13.060455

- **Größe:** *106 Stellplätze*
- **Ausstattung:** *kleiner Platz für Hunde*

Nach dem Prinzip „Zu jeder Tageszeit kommen und zur Not selber einchecken" funktionieren auch die Stellplätze in Graz und Wien.

Das Salzkammergut
Wo Kaiser und Könige urlauben

In der Region am Nordrand der Alpen, nur knappe 30 km von Salzburg entfernt, ist vor allem der Wolfgangsee bekannt. Hier ist Heimatfilmromantik garantiert. Doch es geht nicht nur romantisch, sondern auch sportlich zu in dieser Region. Aktive können segeln, kajaken, Rad fahren, wandern, schwimmen oder sich beim Stehpaddeln austoben. Preisfrage: Was wird es neben Seen und Bergen hier sonst noch geben? Richtig: Salz. Schon seit Tausenden von Jahren wird es abgebaut – bereits die Kelten klopften es 400 vor Christus aus dem Berg.

P *Ischlerstraße 12 | St. Gilgen | GPS 47.766404, 13.367905*

ABFLUG

Den besonderen Blickkick bekommst du beim Paragliden vom Zwölferhorn.

AKTIVITÄTEN & SIGHTSEEING

1 „Von Natur aus schön"

Mit der **Zwölferhorn-Seilbahn** hinauf auf 1521 Meter Höhe zur super Aussicht auf die Seen des Salzkammerguts. Es gibt viele Wanderwege, Hütten und das gläserne Restaurant Zwölfer sorgen für Kaloriennachschub. ***Infos:*** *tgl. 9–16 Uhr | Berg- und Talfahrt 29, Kinder 7–16 J. 16, Bergfahrt 25 bzw. 14, hinunter 18 bzw. 10 € | Talstation in St. Gilgen | zwoelfer horn.at*

Insider-Tipp

Gondeln kann jeder

Sag „Ja" zum Laufen! Der Aufstieg ab St. Gilgen ist auch für weniger Trainierte in circa zwei Stunden geschafft.

2 Radeln zum Salz kamma gut

Wie wäre es mit eine Panoramatour einmal rund ums Seeufer? In zwei Stunden sind die 28 Kilometer geschafft. Etwas anstrengender ist die Postalmtour; und wenn du dich auf die Salztour wagst, bist du fast sieben Stunden unterwegs. Touren findest du auf der Bike-The-Lake-Karte der **Tourist-Information** St. Gilgen und St. Wolfgang *(wolfgangsee.salzkammergut.at/kataloge.html)*. ***Infos:*** *Radverleih Das Radhaus | tgl. 9–12 u. 15–18 Uhr | St. Gilgen und Strobl | radhaus-wolfgangsee.at*

3 Segelst du noch – oder SUPst du schon?

Im Trend liegt das Stehpaddeln; Fans nehmen die englische Abkürzung SUP. Nicht jede/r hat von Anfang an das Gleichgewicht, das nötig ist, um sich auf dem Brett fortzubewegen – den Verleih findest du im **Radhaus.** ***Infos:*** *Adresse Radhaus s. oben | 15 € pro Std.*

4 Ein weltberühmtes Dorf besuchen

Das kleine altertümliche **Hallstatt** mit seinen nicht mal 800 Einwohnern und seiner fast 7000 Jahre alten Geschichte kennt man vor allem in den fernöstlichen Ländern: In den Zeiten vor Corona stromerten bis eine Million Menschen jährlich durchs Dorf – viele davon aus China. Unser Tipp: Haltet euch in der Hauptsaison lieber fern. In der Nebensaison lohnt es sich ein Besuch aber auf jeden Fall. ***Parken:*** *Womos finden auf dem Campingplatz* ▶ S. 41 *eine Abstellmöglichkeit | 3 Std. 10, 5 Std. 15 €*

REGENTAG – UND NUN?

5 Der Gesundheit etwas Gutes tun

In der kleinen Manufaktur des Familien- und Freundebetriebs **Kristall Salzwelt** gibt es viele außergewöhnliche Salze zu kaufen. Doch noch viel spannender – oder besser entspannender – ist es in den Sole-Inhalationsräumen. In der Salzoase relaxen die Erwachsenen, im Salzspielkasten beschäftigen sich die Kinder. ***Infos:*** *Terminvereinbarung Tel. +43 76 67 80 77 77 | Innerlohen 12 | Wildenhag bei Straß im Attergau | kristall salzwelt.com*

ESSEN & TRINKEN

6 Jausenstation Aschinger

Lust auf eine Jause? Also eine Brotzeit mit lecker Schinken, Käse und Brot? Dazu ein kühles Bier oder ein anderes Kaltgetränk – und der Tag kann relaxt ausklingen. Man muss etwas laufen, aber dann is(s)t man hier mitten in der Natur mit einem herrlichen Blick ins Tal. ***Infos:*** *Mai–Ende Okt. Mi–So 11–20 Uhr | Ried 15 | St. Wolfgang | Tel. +43 61 38 25 78 | €*

7 Rock 'n' Roll

Hier wird Frisches im Wok knackig angebraten: Einfach Zutaten auswählen, und los geht's. Gemüse, Fleisch vom Bauern um die Ecke – bis auf wenige asiatische Gewürze, Saucen oder Beilagen aus Asien alles regional. ***Infos:*** *geöffnet, wenn die Tür auf ist und das Licht brennt | Markt 130 | St. Wolfgang | Tel. +43 66 03 88 03 60 | €*

8 dSpeis

In der Genussaufnahmestube kocht der Chef selbst: Sandro Gamsjäger nutzt für seine exquisite Küche nur regionale Zutaten. Wenn ihr euch nicht sicher seid, was ihr mögt, probiert doch mal die Geschmacksrundreise für zwei Personen. ***Infos:*** *Fr–So 17.30–22 Uhr | Au 36 | St. Wolfgang | Tel. +43 66 08 26 00 78 | dspeis.at | €€€*

EINKAUFEN

9 Speckerei im Stöckl

Auf nur acht Quadratmetern gibt es Speck- und Käseköstlichkeiten: ob geräuchert oder getrocknet, ob aus dem Salzkammergut oder dem „fernen" Südtirol. Und wer einfach mal probieren will: Täglich werden verschiedene Köstlichkeiten zum Probieren angeboten. ***Infos:*** *April–Ende Okt. Mo–So 10–18 Uhr | Markt 49 | St. Wolfgang*

AUF DER GRÜNEN WIESE

Am Wolfgangsee finden Womos außerhalb der Saison genügend Stellfläche.

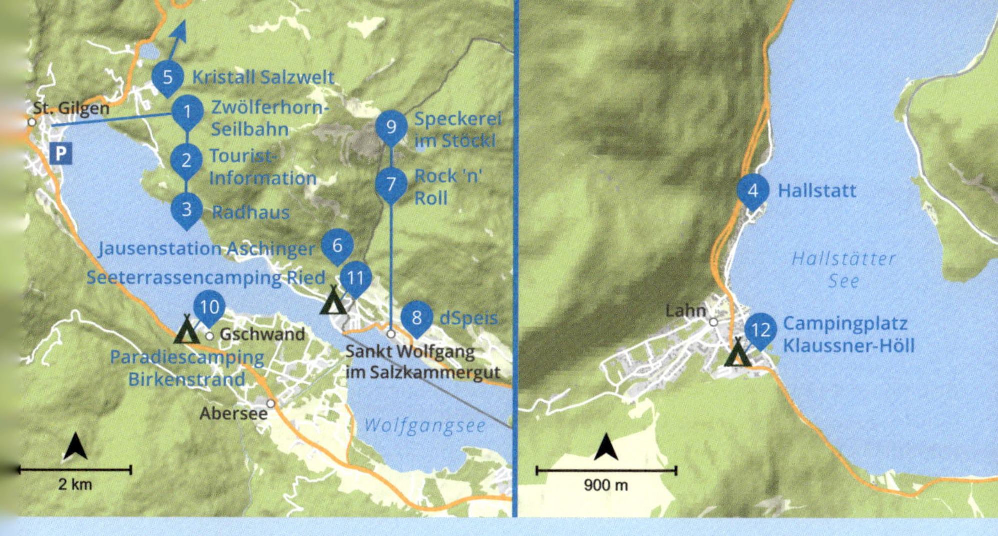

STELL- & CAMPINGPLÄTZE

10 Tausche Campingkocher gegen Küche

Der Campingplatz wird professionell von Familie Weißenbacher geführt, und die weiß, was neben Ruhe und Sauberkeit das Camperherz erfreut: komfortable Regenduschen, eine Sauna und eine voll ausgestattete Küche. Verliehen werden zudem Kajaks, SUPs und E-Bikes. Ein Rundum-Wohlfühl-Platz direkt am See.

Paradiescamping Birkenstrand

€€ | Schwand 17a | Abersee/St.Gilgen | Tel. +43 66 49 40 48 79 | paradiescamping.at | April–Mitte Okt. | GPS 47.739217, 13.401411

- **Größe:** *80 Stellplätze, Apartments*
- **Ausstattung:** *Hundedusche, Restaurant, Waschmaschine, Trockner, Spielplatz, Fahrrad- und Bootsverleih*

11 Mit Yoga in den Tag und mit dem Brett aufs Wasser

Der Platz ist klein, das Bad ist rein und aus dem Womo hat fast jeder eine tolle Sicht aufs Wasser. Dazu gehören ein Radverleih, eine Segelschule, Wassersportgeräte gibt's zur Miete. Zum entspannten Aufwachen lädt morgens ein Yogalehrer. Mit großen Womos solltest du dich in der Saison telefonisch erkundigen, ob Platz ist.

Seeterrassencamping Ried

€–€€ | Ried 18 | St. Wolfgang | Tel. +43 66 47 36 00 854 | seeterrassencamping-ried.at | Ostern–Ende Okt. | GPS 47.742868, 13.433232

- **Größe:** *40 Stellplätze, Mietwohnwagen und Apartments*
- **Ausstattung:** *Kochstelle, Aufenthaltsraum, Wachmaschine, Trockner, Slip-Anlage, Fahrrad- und Bootsverleih*

12 Ganz nah am Weltkulturerbe

Weil Hallstatt in den letzten Jahren von Touristen überschwemmt wurde, sind sie hier etwas mürrisch. Am besten, man sieht lächelnd darüber hinweg und akzeptiert die einfache Ausstattung im stilechten 70er-Jahre-Campingplatz-Look.

Campingplatz Klaussner-Höll

€€ | Lahnstraße 201 | Hallstatt | Tel. +43 61 34 83 22 | camping.hallstatt.net | 15. April–15. Okt. GPS 47.553006, 13.647979

Größe: *70 Stellplätze*
Ausstattung: *Küche mit Kühlschrank und Mikrowelle, Kiosk, Aufenthaltsraum*

Die Wachau
Glück und Genuss am Donau-Ufer

Das Tal an der Donau zwischen Melk und Krems hat eine lange Geschichte – bekanntester Beleg dafür ist die Venus von Willendorf, die hier gefunden wurde: Die etwas mopsige Frauenfigur ist Kennern zufolge ungefähr 25 000 Jahre alt. Romantiker kennen die Gegend vor allem aus den Sissi-Filmen: Der schönen Landschaft und der vielen Burgen wegen wählte man diesen Teil der Donau als Filmkulisse. 2000 erkannte auch die UNESCO den Schatz der Wachau und ernannte die Region zum Welterbe. Genussmenschen loben den guten Wein und die Wachauer Marillen – diese orangen Früchte, die in Deutschland Aprikosen heißen, sind hier besonders süß.

DONAUBLICK

Schon den Rittern im Mittelalter gefiel der Blick von Burg Aggstein.

AKTIVITÄTEN & SIGHTSEEING

1 Wein in der Wachau kosten

Bekannt sind vor allem Wachauer Rieslinge und Grüne Veltliner, die es zwischen Juni und Oktober beim **Winzer Krems** frisch gekeltert gibt: Zum Heurigen bieten die Weingüter dann etwa 14 Tage lang auch eine zünftige Mahlzeit an. Das ganze Jahr möglich sind Weinverkostungen und der Weinerlebnisrundgang, mit einem 3D-Film inklusive Riecherlebnis. ***Infos:*** *Mo–Sa 9–17 Uhr | Sandgrube 13 | Krems | winzerkrems.at/weinerlebnis/erlebnis-rundgang*

2 Sich auf dem Weg zum heiligen Jakob machen

50 Kilometer Jakobsweg führen durch die Wachau und verbinden die Stifte Göttweig und Melk. Eine schöne, dreistündige Etappe (10,5 km) verläuft zwischen Maria Langegg und Aggsbach. Wissenswertes über die Geschichte der Wallfahrt bietet das **Museum Maria Langegg.** ***Infos:*** *Do–So 10–17 Uhr | 2 € | Langegg 1 | Langegg | kulturimkloster.at*

3 Das Mittelalter begrüßen

Die **Burgruine Aggstein** thront in 300 Meter Höhe auf einer Felszunge über der Donau. Ganz besonders aufregend wird es im Frühling, wenn zum Mittelalterfest Raubritter und andere Helden aus vergangenen Zeiten anreisen. ***Infos:*** *Mitte März–Okt. 10–19 Uhr | 7,50, Kinder 6–16 J. 5,50 € | GPS 48.314114, 15.4223756 | ruineaggstein.at*

4 1000 Jahre Tradition ehren

Der **Barockstift Melk,** 1089 gegründet, wird bis heute erfolgreich von Benediktinermönchen geleitet. Zu sehen gibt es Interessantes aus Kunst, Kultur und Wissenschaft. Und natürlich das riesige Stiftsgebäude mit kostbaren Fresken und prächtigem Hochaltar. ***Infos:*** *tgl. 10–16.30 Uhr | 13, Familienkarte (Eltern u. Kinder bis 16 J.) 26 € | Abt-Berthold-Dietmayr-Straße | Melk | stiftmelk.at*

Insider-Tipp

Wer führt mich da?

Wer hat schon einen Eselführerschein? Dieses Zertifikat mit Spaßfaktor gibt es im beim Wachauer Eselabenteuer in Emmersdorf. Info: eselabenteuer.com

REGENTAG – UND NUN?

5 Spaß und Spott im Karikaturmuseum

Der Karikaturist Ironimus hat nicht nur viele Werke hier ausgestellt, er hat die Kunsthalle auch entworfen. Seit 2001 werden hier Karikaturen, Cartoons, Comics und Bildsatire gezeigt. Das Karikaturmuseum ist Teil der Kunstmeile Krems, die auf 1,6 Kilometern durch ein anspruchsvolles und doch kurzweiliges Kulturangebot führt. ***Infos:*** *März–Okt 10–18, Nov.– Feb. 10–17 Uhr | 10, Kinder 6–17 J. 3,50, Familien 18 € | Museumsplatz 3 | Krems | karikatur museum.at*

ESSEN & TRINKEN

6 Bäckerei Schmidl

Der Familienbetrieb wurde 1780 gegründet und brachte es mit einer Erfindung schnell zu Berühmtheit: Das „Wachauer Laberl", das bis heute typisch ist für die ganze Region. Kaffee zu Brot und Gebäck gibt es auf der Terrasse, ganz im Stil österreichischer Kaffeehauskultur. ***Infos:*** *April–Okt. Mo–Sa 7–17, So/Fei 8–17, Nov.–März 7–11, Sa 7–12 Uhr | Dürnstein 21 | Dürnstein | schmidl-wachau.at/ | €*

7 Nikolaihof

Auf zum ältesten Weingut Österreichs. Täglich wird gekocht, und zwar mit Bio-Gemüse meist aus eigener Herstellung. Auch das Wild ist selbstgejagt. Zwei Kochbücher stehen bereit: Wem es schmeckt, der kann die Gerichte nachkochen. ***Infos:*** *Mi–Fr 17–22, Sa 12–22 Uhr | Nikolaigasse 3 | Mautern | Tel. +43 27 32 82 901 | nikolaihoff.at | €€*

8 Landhaus Bacher

Das Lokal begann klassisch mit Schweinsbraten und Backhendl. Schnell wurde aber Neues ausprobiert, und heute gilt das Landhaus Bacher als eine der ersten Adressen des Landes. Hervorragende Küche auch für Vegetarier. ***Infos:*** *März–Dez. Mi–Sa 12–14, 18.30–21, So 11.30–21 Uhr | Südtirolerplatz 2 | Mautern | Tel. +43 27 32 82 937 | land haus-bacher.at/ €€€*

EINKAUFEN

9 Fair mit Flair im Kre:ART

Im Designshop gibt es Unikate für den täglichen Bedarf aus österreichischer Herstellung. Was das Ganze be-

SIGHTSEEING

... das kann man auf dem Wachau-Camping Rossatz vom Womo aus.

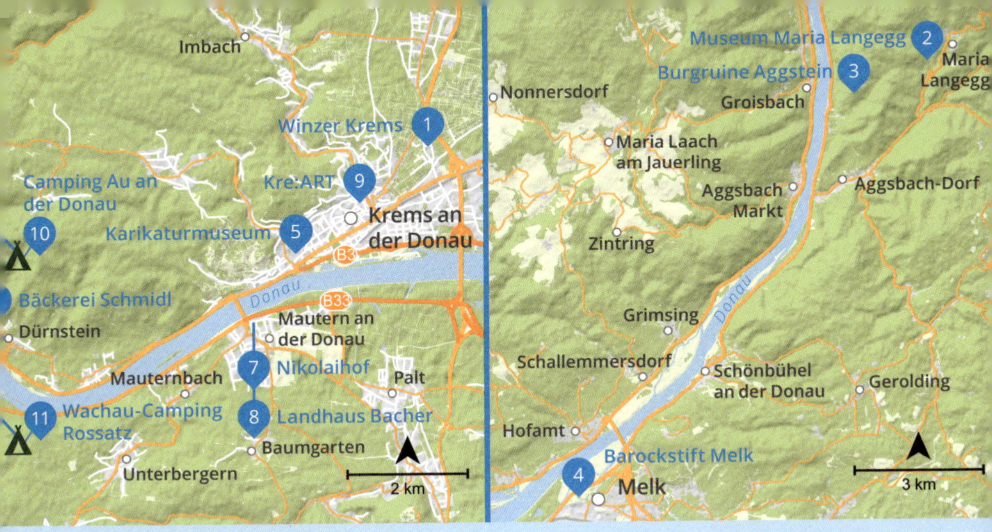

sonders macht? Die Werke sind Upcyclingkunst. ***Infos:*** *Mi/Do 14.30–17.30, Fr 10–13 u. 14.30–17.30, Sa 10–15 Uhr | Wegscheid 7 | Krems | Tel. +43 69 91 11 56 809*

STELL- & CAMPINGPLÄTZE

10 Urlaubsfeeling am Donaustrand

Auf diesem Platz direkt am Donauradweg begeistern neben schönen Stellplätzen und einer weiten Zeltwiese an einem See auch die angebotenen Hütten. Wer mal nicht mehr Prinz:essin auf dem Rad sein, sondern in einem festen Haus wohnen möchte, plant schon mal spontan um. Auch der Strand ist toll, die Waschräume picobello sauber und der Platz gekonnt organisiert. Man kann auch Fahrräder oder E-Bikes ausleihen.

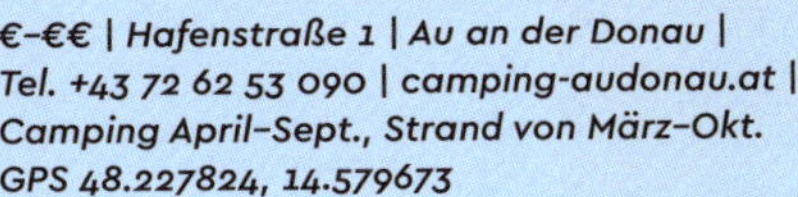

Camping Au an der Donau

€–€€ | Hafenstraße 1 | Au an der Donau | Tel. +43 72 62 53 090 | camping-audonau.at | Camping April–Sept., Strand von März–Okt. GPS 48.227824, 14.579673

- **Größe:** *60 Stellplätze, Apartments und Hütten*
- **Ausstattung:** *Waschmaschine, Trockner, Fahrradverleih, Slip-Anlage*

11 Wenn abends das Licht auf Dürnstein fällt

Vom Ufer am Campingplatzes Rossatz blickt man direkt auf den blau-weißen Glockenturm des Stifts und die darüber thronende Ruine Dürnstein (dort wurde nebenbei bemerkt Richard Löwenherz von 1192 bis 1193 gefangen gehalten). Der Campingplatz ist gepflegt und gut organisiert. Die Stellplätze sind leider recht eng nebeneinander, doch drumherum stehen Obstbäume, was das Setting schöner macht. Am Ufer gibt es einen kleinen Strand, und von hier setzt eine Radfähre nach Dürnstein über.

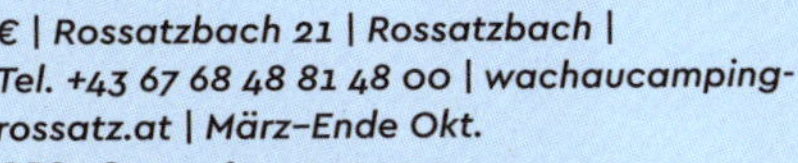

Wachau-Camping Rossatz

€ | Rossatzbach 21 | Rossatzbach | Tel. +43 67 68 48 81 48 00 | wachaucamping-rossatz.at | März–Ende Okt. GPS 48.390163, 15.517701

- **Größe:** *60 Stellplätze*
- **Ausstattung:** *WLAN kostenpflichtig, Waschmaschine*

UHUDLER & CO

Du weißt nicht, was das ist? Dann auf in eins der vielen Weinmuseen im Burgenland.

Tour B

Die Hauptstadt & das Burgenland **Von Wien nach Graz**

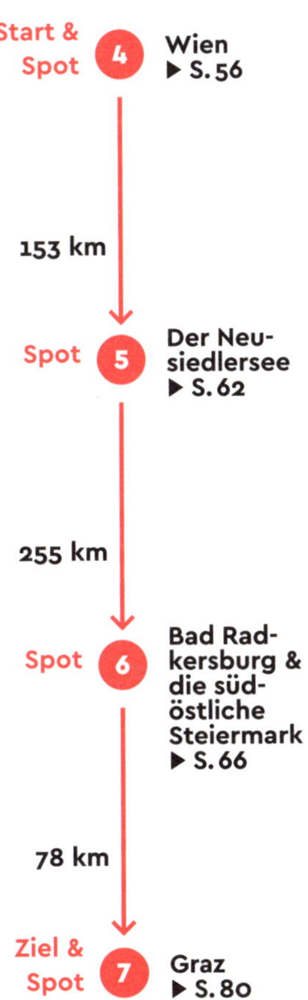

Die Tour beginnt in Wien – und Vorsicht: Hier musst du aufpassen, dass du nicht dein Herz verlierst an die Donaumetropole mit Charme. Auf jeden Fall kannst du in der Hauptstadt einige erlebnisreiche Tage verbringen; egal ob du dich ins Nightlife stürzen oder Kultur inhalieren willst. Anschließend wartet der Neusiedler See auf dich; Erholung pur im Nationalpark. Und: Viele lokale Spezialitäten verführen zu kulinarischen Eskapaden – übrigens gerade auch in der südöstlichen Steiermark, der dritten Station der Reise.

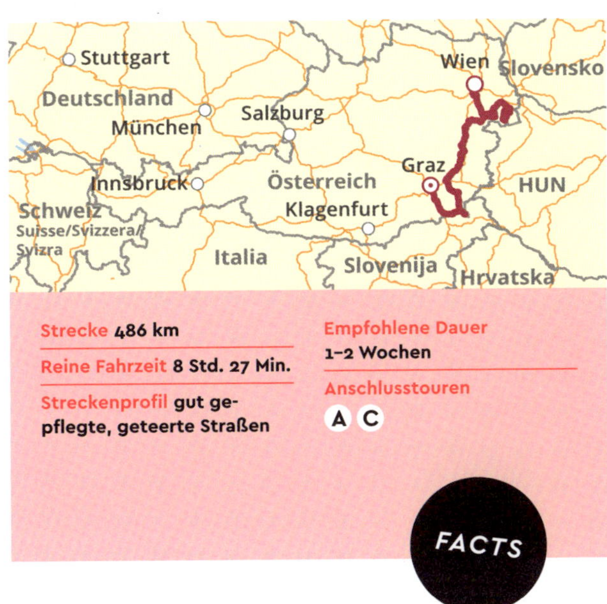

Strecke 486 km

Reine Fahrzeit 8 Std. 27 Min.

Streckenprofil gut gepflegte, geteerte Straßen

Empfohlene Dauer 1–2 Wochen

Anschlusstouren A C

FACTS

Tour B im Überblick

Klosterneuburg
Marchegg
Stupava
Pezinok
Sereď
Senec
Galanta
Šaľa
Wien
Seite 56
4
Schwechat
BRATISLAVA
Slovensko
Schlosspark Laxenburg
Rusovce
Šamorín
Dunajská Streda
Eisenstadt
Neusiedl am See
Gabčíkovo
Kolárovo
Podersdorf
Frauenkirchen
Mosonmagyaróvár
Veľký Meder
Jánossomorja
Rust
Lébény
GYŐR
Mattersburg
Sopron
5
Bábolna
Der Neusiedler See
Seite 62
Csorna
Pannonhalma
Tét
Beled
Oberpullendorf/ Felsőpulya
Répcelak
Csepreg
Kőszeg
Bük
Vép
Sárvár
SZOMBATHELY
Güssing
Vasvár
Körmend
Zalaszentgrót
Szentgotthárd
Őrségi Nemzeti Park
ZALAEGERSZEG
Őriszentpéter
Bad Radkersburg & die südöstliche Steiermark
Seite 66
Tour-Highlights
Bloß nicht den Farbfilm vergessen beim Besuch des *Hundertwasserhauses* in *Wien* ▶ S. 57
Was wäre *Wien* ohne Schnitzel? Auf geht's zum *Figlmüller*, der hat besonders gute ▶ S. 59
Mit dem Rad unterwegs im Fahrradies rund um den *Neusiedler See* ▶ S. 63
Leckerer Wein: 70 Weingüter präsentieren ihr Können im *Haus am Kellerplatz* in *Purbach am Neusiedler See* ▶ S. 63
Für Feinschmecker ein Muss, denn wenn Zwetschge auf Käse trifft lockt Genuss vom Käsekünstler, dem *Cheese Artist* von *Riegersburg* ▶ S. 67

B Tourenverlauf

Start & Spot 4

Wien
Kaiserliches Erbe und moderner Livestyle ▶ **S. 56**

Optionaler Anschluss: Tour A

25 km Viele Wege führen aus Wien – du nimmst am besten die Süd-Autobahn E59. Bald schon hast du die Stadt hinter dir gelassen, und nach kurzer Zeit *(ca. 30 Min. ab Stadtzentrum)* liegt ein tolles Ziel für einen Zwischenstopp am Wegesrand.

Schlosspark Laxenburg

Das Wasserschloss wurde 1960 aus Backstein auf dem Fundament seines abgebrannten Vorgängers erbaut. Trotzdem sieht es imposant aus: umgeben von einem Graben, zugänglich nur über eine Brücke und bereichert durch einen herrlichen **Schlosspark,** ein englischer Landschaftsgarten im frühromantischen Stil, zu dem übrigens auch eine Golfanlage gehört.

i *tgl. 6.30–19.30 Uhr | Fähre zur Franzensburg 10–18, Führungen Museum Franzensburg 11, 12, 14 und 15 Uhr | 2,80, Kinder 1,50, Hunde(!) 2,40 € | Tel. +43 22 36 71 226 | schloss-laxenburg.at*

P *Der kostenlose Parkplatz befindet sich am westlichen Rand des Parks, Münchendorfer Straße 5.*

36 km Vom Schlossparkparkplatz geht es über die L154 *(Münchendorfer Straße)* bis ans südwestliche Ende des Parks, dann knickt die Straße nach Südosten ab. Nach 2,8 Kilometern dann rechts abbiegen auf die B16. Sie führt parallel zur etwas schnelleren, aber auch langweiliger zu fahrenden Südostautobahn A3 nach Eisenstadt.

Eisenstadt

Die Stadt ist besonders stolz auf ihren berühmtesten Sohn: den Komponisten Joseph Haydn (1732–1809). Er arbeitete als Kapellmeister auf dem schlossähnlichen Landsitz der ungarischen Adelsfamilie Esterházy (Schloss und Schlosspark können besichtigt werden, falls nach dem Besuch in Laxenburg noch Bedarf besteht). Im **Haydnhaus** lebte der Komponist zwölf Jahre lang, im **Kräutergarten** soll er gern komponiert haben, auf dem **Haydnpfad** können Interessierte auf des Komponisten

Spuren wandeln und mit dem **Haydnmausoleum** schließlich seine letzte Ruhestätte besuchen.

i ***Schloss Esterházy:*** *tgl. 10–17.30 Uhr | 15, mit Führung 18 € | Esterházyplatz 1 | Tel. +43 26 82 63 00 47 600 | esterhazy.at;* ***Haydnhaus:*** *Di–Fr 9–17, Sa/So 10–17 Uhr | 6 € | Joseph-Haydn-Gasse 19 u. 21 | Tel. +43 26 82 71 96 000 | haydnhaus.at;* ***Haydnkräutergarten:*** *Mai–Sept. 1 x pro Monat 10–12 u. 14–16 Uhr (Termine über das Haydnhaus) | Eintritt frei;* ***Haydnpfad:*** *eisenstadt.map2web.eu;* ***Haydnmausoleum:*** *Mo–Sa 10–18, So 14–18 Uhr | unter dem Nordturm der Wallfahrtskirche Maria Heimsuchung am Eisenstädter Oberberg*

P *Mehrere kostenpflichtige Tagesparkplätze in der Innenstadt | 3 €/Tag, 2 €/4 Std. Teils nur für PKW, günstiger und womotauglich der Tagesparkplatz Gloriettealle: Glorietteallee 17 | westlicher Rand des Schlossparks | Eisenstadt | 1,50 €/Tag, 1€/4 Std.*

14 km Von Eisenstadt geht es über die B52 Richtung Neusiedler See. Nach etwa 20 Minuten, kurz hinter St. Margarethen im Burgenland, siehst du linkerhand den **Familypark** liegen: Österreichs größter Freizeitpark ist ein toller Zwischenstopp für alle, die mit Kindern unterwegs sind *(Mai–Okt. tgl. 10–18, Hochsommer bis 19, letzter Einlass 17/18 Uhr | Tagesticket 27,50 €, ab 3 J. | familypark.at)*. Zwei Kilometer weiter ist dann das Weinstädtchen Rust erreicht.

IMPOSANT

Die Laxenburg und ihr Schlosspark kommen ganz schön erhaben daher.

B Tourenverlauf

Rust

Die schnuckelige Altstadt von Rust steht komplett unter Denkmalschutz und ist allemal einen Spaziergang wert. Die Häuser, erbaut zwischen dem 16. und 19. Jahrhundert, haben wunderschön verzierte Fassaden – und oft eine Geschichte zu erzählen. Einen kleinen Stadtplan für einen gemütlichen Kulturrundgang gibt's beim Tourismusverband.

i *Tourismusverband Freistadt Rust | Conradplatz 1, im Rathaus | Tel. +43 26 85 502-0 | freistadt-rust.at*

P *Zentral im Ortskern | GPS 47.799606, 16.674268*

31 km Um die Region weiter zu erkunden, wendest du dich nun nach Norden und stößt dabei auf die B50, die dich durch Purbach und Winden ans nordwestliche Ende des Sees führt. Hier biegst du ab auf die B51 und erreichst Neusiedl am See.

Neusiedl am See

Mit etwas über 8600 Einwohnern ist Neusiedl das größte Zentrum der Region. Das Strandbad ist beliebt bei Surfern und Seglern; wer mag, kann hier einen Schnupperkurs machen.

i *Segelschule Neusiedl | 2 Std. 60 € | www.segelschule-neusiedl.at*

Burgerbucht
Lohnend ist auch ein kulinarischer Zwischenstopp: Sei es eine zünftige Brotzeit bei einem der vielen Heurigen – oder einfach ein superleckerer Burger auf die Hand.

i *Di–Do 11–16 u. Fr/Sa 11–18 Uhr | Untere Hauptstraße 20 | Tel. +43 21 67 31 170 | burgerbucht.at*

Wer sich was Besonderes gönnen will, nimmt den „Grey Cattle" – mit Fleisch vom Ungarischen Steppenrind.

22 km Nun bist du bestimmt gespannt, wie es auf der anderen Seeseite aussieht. Zunächst einmal irritieren jede Menge Windräder – das soll eine Urlaubsregion sein? Doch die sind bald schon vergessen. Folge einfach der B51: Sie bringt dich nach Frauenkirchen mit der sehenswerten barocken Wallfahrtskirche **Basilika zu Mariä Geburt.** Ein paar Kilometer weiter, in St. Andrä am Zicksee, liegt am Ortsausgang das ökologisch arbeitende **Weingut Umathum** – eines der besten in Österreich. Hier erzeugte Weine werden u. a. bei offiziellen Staatsbanketten gereicht.

i Weingut Umathum | Mo–Fr 9–12 u. 14–18, Sa 10–17 Uhr | St. Andräer Straße 7 | Tel. +43 21 72 24 400 | umathum.at

25 km Weiter geht's in Richtung Süden: kurz darauf rechts abbiegen Richtung Apetlon und dort dann weiter nach Illmitz fahren, wo sich ein Zugang zum Nationalpark (▶ S. 63) befindet. Schlussendlich wendet sich die Route wieder nordwärts; nach **Podersdorf** am See. Hier warten Strandrestaurants, Surfschulen und alles, was das Touristenherz begehrt – inklusive eines traumhaften Blicks auf den Sonnenuntergang über dem Neusiedler See (▶ S. 63).

Spot 5

Der Neusiedler See
Entspannte Tage im Wein- und Vogelparadies **▶ S. 62**

98 km Nach einer erholsamen Zeit am See kannst du schnurstracks in die nächste Genussregion cruisen: die südöstliche Steiermark. Die Route führt zunächst zurück nach Eisenstadt und von dort weiter nach **Wiener Neustadt.** Kirchenfans machen hier Stopp wegen dem spätromanischen Dom von 1279, alle anderen fahren weiter Richtung Graz – aber nicht über die langweilige Autobahn, sondern über die Wechselstraße. So heißt die B54, die von Wiener Neustadt nach Gleisdorf bei Graz führt. Diese Panoramastraße bietet viele schöne Ausblicke. Gleich zu Beginn liegen einige sehenswerte alte Gemäuer.

Burg Seebenstein

Die beeindruckende Burg stammt ursprünglich von 1170 und wurde in den folgenden Jahrhunderten mehrmals ausgebaut. Die wildromantische Anlage ist in Privatbesitz; einige Teile können jedoch im Rahmen einer interessanten, kurzweiligen Führung besichtigt werden.

i Führungen Sa/So, Fei 14 u. 15 Uhr | 6, Kinder 5–15 J. 3 € | Schlossweg | Seebenstein | seebenstein.gv.at

B Tourenverlauf

P Ein großer, kostenloser Parkplatz befindet sich am Fuß des Burghügels in Flussnähe | GPS 47.698971, 16.144091.

Burg Grimmenstein

Trutzig hockt sie auf dem steilen Felsen und signalisiert: Hier kommt keiner rein. Stimmt aber nicht – Besichtigungen sind möglich. Ein Rundgang auf eigene Faust dauert ca. 20 Minuten. Anschließend kannst du dich in der Burgtaverne stärken.

i Besichtigungen 14. März–31. Okt. Sa/So/Fei, Taverne gleiche Tage 10–17 Uhr | 6 €, unter 6 J. frei | Burgweg 3 | Grimmenstein | burg-grimmenstein.at

P Der nächstgelegene Parkplatz ist der Park&Ride des ASFINAG | GPS 47.635987, 16.131211. Wenn es nicht regnet, startet nebenan am Autohaus Windisch stündlich ein Bummelzug zur Burg 10.15–16.15 Uhr | 1 €.

58 km Die Straße schlängelt sich weiter über Pinggau bis **Neustift an der Lafnitz:** Hier gibt es einen schönen Badesee, der auch einen Spielplatz und eine Rutsche für den Nachwuchs bietet. Ein Erlebnis für die ganze Familie ist auch der **Ökopark Erlebnisreich** in Hartberg etwa 20 Minuten weiter mit Wasserspielplatz, spannendem Experimentarium, Minizoo und einer Mineralienausstellung. Genau das Richtige für kleine Entdecker.

i Di–Fr 10–16, Sa/So 10–17 Uhr | 10,50, Kinder 4–5 J. 5, 6–15 J. 7,50, Kino 6,50–10 € | Ökopark | Am Ökopark 10 | Hartberg | Tel. +43 33 32 62 25 01 51 | oekopark.at

72 km Von hier sind es noch ca. 30 Kilometer bis zum Ende der Wechselstraße in Gleisdorf. Dann folgst du der B68 nach Süden und passierst St. Margarethen und Kirchberg an der Raab. In Hart biegst du rechts ab auf die B66 Richtung Bad Gleichenberg. Hier gibt's nicht nur einen erholsamen Kurpark, sondern auch den aufregenden **Styrassic Park** mit Kletterparcours, 90 Dinosauriern und jeder Menge Programm. Wer mal eine Abwechslung zum Womobett braucht, kann hier sogar im Baumhotel übernachten.

i Styrassic Park | Ende April–Anf. Nov. 9–17, ab Okt. bis 16 Uhr | 20, Kinder 2–14 J. 14 € | Dinoplatz 1 | Bad Gleichenberg | Tel. +43 31 59 28 750 | styrassicpark.at

27 km Über Straden folgst du der B66 bis zur B69 – auf dieser erreichst du Bad Radkersburg in der südöstlichen Steiermark.

Ziel & Spot 

Bad Radkersburg & die südöstlliche Steiermark
Unterwegs im Vulkanland ▶ **S. 66**

78 km Von Bad Radkersburg aus fährst du durch das Murtal (▶ S. 67), vorbei an der Schiffsmühle (▶ S. 68), 30 Kilometer nach Westen. Im Kreisverkehr dann die erste Ausfahrt auf die B67 nehmen – und eine Stunde später bist du in Graz. Oder du machst in Leibniz noch einen Abstecher zum Sulmsee. Direkt am See liegt ein 2021 komplett renovierter Campingplatz idyllisch zwischen Weinbergen und ganz nah am Schloss Seggau. Im Natursee baden und sich durch diverse Buschschenken durchzuprobieren ist angesagt *(Camping Sulmsee | Sulmsee 1 | Leibnitz | Tel. +43 45 28 28 66 | sulmsee.at | Mitte Mai–Mitte Sept. | GPS 46.774424, 15.512850).*

Ziel & Spot 

Graz
Genuss und Lebensfreude ▶ **S. 80**

Optionaler Anschluss: Tour C

TOPLAGE

Ein Zwischenstopp auf dem Camping Sulmsee bietet einen hohen Freizeitwert.

Wien
Kaiserliches Erbe und moderner Lifestyle

Alte Stadthäuser und moderne Architektur, gediegene Kaffeehauskultur und vegane Trendrestaurants, Klassik und Techno, urbanes Leben, Picknick im Park und Strandbars an der Donau – darüber legt sich als Sahnehäubchen die Wiener Gemütlichkeit. Erstmal in Ruhe einen Kaffee trinken und lesen, gucken, reden. Eine gute Idee, oder? Sightseeingstress war gestern.

P *Die gesamte Wiener Innenstadt ist eine gebührenpflichtige „Kurzparkzone": Mo–Fr 9–22 Uhr | max. 2 Std., 1,10 € je halbe Stunde. Viel Platz für Wohnwagen und gute Anbindung mit Bus und Bahn bieten Parkplätze etwas außerhalb, z. B. am Park Oberlaa | Wien | GPS 48.152553, 16.406364.*

HEUTE WIE DAMALS

Die Hofburg in Wien hat nichts von ihrer Anziehungskraft verloren.

AKTIVITÄTEN & SIGHTSEEING

1 Ins Machtzentrum vordringen

Die **Hofburg,** der einstige Regierungssitz der Habsburger (13. Jh. bis 1918), ist einer der größten Kaiserpaläste der Welt. Und nicht nur der Prunksaal der Nationalbibliothek ist unfassbar herrschaftlich. Gern besucht wird auch die Spanische Hofreitschule, die seit eh und je klassische Reitkunst auf Lipizzanern lehrt. ***Infos:*** *tgl. 10–17, Einlass bis 16 Uhr | 15/18 (Audioguide oder Führung), Kinder 6–18 J. 9 bzw. 10,50 € | Wien | hofburg-wien.at | GPS 48.205946, 16.365362*

2 Vom Ruhmestempel zum Speisesaal flanieren

Ein weiteres Muss für k.u.k.-Fans ist **Schloss Schönbrunn,** die ehemalige Sommerresidenz der Habsburger. Nach dem Besuch der prachtvollen Innenräume solltet ihr euch unbedingt Zeit für den in barockem Stil angelegten Schlosspark mit Palmenhaus nehmen. Einen super Blick auf Wien gibt's von der Aussichtsplattform der Gloriette. ***Infos:*** *tgl. 9.30–17, Schlossgarten 6.30–21 Uhr | ab 4,50 für die Gloriette bis 50 € für das volle Programm | Wien | schoenbrunn.at*

3 Den Steffl besuchen

Der von den Wienern liebevoll Steffl genannte **Stephansdom** gilt als DAS Wahrzeichen der Hauptstadt. Er hat eine lange Geschichte zu erzählen, von der sowohl die Fassade als auch Gegenstände und Gräber im Inneren Zeugnis ablegen. Aufbau, Brände, wechselnde Herrscher: Viel ist passiert an diesem Ort. Kein Wunder, entstand doch bereits im 12 Jahrhundert ein erster Kirchenbau an dieser Stelle. Heute ist der Steffl vor allem wegen seiner großen Glocken weltbekannt. ***Infos:*** *tgl. 6–22 Uhr | Wien | stephanskirche.at | GPS 48.208540, 16.373974*

4 Bunte Architektur bestaunen

Friedensreich Hundertwasser, dem Künstler mit der Mission „Kampf dem Grau", hat Wien das **Hundertwasserhaus** zu verdanken. Seit 1985 leben hier Menschen umgeben von viel Grün. Die einst knallbunte Fassade könnte allerdings einen Neuanstrich vertragen. Gegenüber liegt das Hundertwasser Village, ein Bazar mit Shops und Bar. Und nahebei im Kunsthaus Wien gibt es eine Dauerausstellung von Hundertwasser-Werken. ***Infos:*** *Hundertwasserhaus (kein Zutritt) und Hundertwasser Village (kostenlos) | Kegelgasse 34–38 und 37–39 | Wien | hundertwasser-village.com; Kunsthaus Wien | tgl. 10–18 Uhr | 11, 10–19. J. 5 € | Untere Weißgerberstraße 13 | Wien | kunsthauswien.com/de*

5 Graffiti, Sand und Pool

Am **Donaukanal** zeigt sich das junge Wien mit Graffiti und Strandbars. Die **Open-Air-Ausstellung** ohne Kurator lohnt z. B. ab der Strandbar Herrmann, vorbei am Badeschiff (wer mag, springt in den Pool) und führt über die Marienbrücke bis zur Strandbar Tel Aviv Beach. Tipp: Mach in einer der (oder beiden) Bars Pause und entspanne mit den Füßen im Sand. ***Infos:*** *alle Wien; Strandbar Herrmann | Mo–Fr*

14–24, Sa/So ab 10 Uhr | strandbarherr mann.at; Tel Aviv Beach | April–Sept. Mo–Fr 16–24, Sa/So ab 12 Uhr | neni.at/ restaurants/tel-aviv-beach-bar; Badeschiff | Mai– Sept. tgl. 8–22 Uhr | 6,50, Kinder 6–12 J. 3,50 € | www.badeschiff.at

6 Wo Mozart und Beethoven zum Kaffee einkehrten

Immaterielles Kulturerbe kann so lecker sein: Seit 2011 gilt die typische Wiener Institution, das Kaffeehaus, der UNESCO als schützenswert und stieg damit zur Sehenswürdigkeit mit Genussfaktor auf. Das erste seiner Art war das **Café Frauenhuber,** hier spielten einst Mozart und Beethoven ihre Tafelmusik. ***Infos:*** *tgl. Mo–Sa 8–20 Uhr | Himmelpfortgasse 6 | Wien | Tel. +43 15 12 53 53 | cafefrauenhuber.at*

Insider-Tipp

Spitzenkaffee in der Eiswaffel ...

... bekommst du im Fenstercafé. Weitere Besonderheit: Barzahlung gibt's nicht mehr. Gezahlt wird nur noch mit Karte. Infos: tgl. 8–22 Uhr | Griechengasse 10 | Wien | fenster.cafe

7 Ein klassisches Konzert im Mozarthaus genießen

Zwei Jahre lebte Mozart in Wien, und in der kleinen Sala Terrena gab er selbst 1781 ein paar Konzerte. Und so ist es besonders stilecht, hier im **Mozarthaus,** einer der ältesten Konzerthallen der Stadt, den Klängen seiner Musik zu lauschen. ***Infos:*** *Do/Fr u. So 19.30, Sa 18 Uhr | um die 55 € | Dauer 75 Min.* | In der Singerstrasse 7 |Wien

8 Hoch oben im Riesenrad

In den großen Gondeln des Riesenrads im **Wiener Prater** geht es in schwindelerregende Höhen. Die Geisterbahnen hingegen führen hinein ins Dunkel – echt gruselig. Das Gelände ist ganzjährig jederzeit zugänglich, doch sind nicht immer alle Attraktionen in Betrieb. ***Infos:*** *Riesenrad | GPS 48.216695, 16.396122 | Wien | prater.at* ***Parken:*** GPS *48.217623, 16.395148 | 3 Std. 5, 6 Std. 8 €*

9 Chill & thrill

Die entspannte Strandanlage **Vienna City Beach Club** liegt direkt an der Donau, und da sie zu einem beliebten SUP-

REGENTAG – UND NUN?

10 Virtuell unterwegs sein im alten Wien

Schon mal eine Virtual-Reality-Brille ausprobiert oder im 5D-Kino einen Film nicht nur gesehen, sondern auch gefühlt? Wie wäre es mit einer Reise in die Vergangenheit bei **Time Travel** und **Sisi's Amazing Journey** mit neusten technischen Möglichkeiten? ***Infos:*** *tgl. 10–20 Uhr | Time Travel (5D-Kino) | 50 Min. 20, Kinder 5–14 J. 16 €; Sisis amazing journey (VR-Brille) | 30–40 Min. 12, bzw. 9 € | im Kombiticket und online gebucht günstiger | Habsburgergasse 10a | timetravel-vienna.at.*

Center gehört, geht es hier sportlich zu. Willst du lernen, wie es sich SUPet, dann belege einen Kurs. Ansonsten leih dir eins und paddel los. Das geht auch im Kajak, die gibt es hier nämlich ebenfalls. ***Infos:*** *Zugang zum Club 3 € | Stand Up Paddling Center: Mai–Mitte Sept. 7–18 Uhr | Neue Donau Mitte km 10,5 und Moissigasse 21 | Wien | supcenter-wien.at*

ESSEN & TRINKEN

11 Figlmüller

Bereits 1905 eröffnete Urgroßvater Figlmüller sein Wirtshaus in der Wollzeile. Sohn Hans interpretierte das originale Schnitzelrezept dann so gekonnt, dass er sich schnell einen Namen machte. Bis heute gilt das Figlmüller als DAS Schnitzelparadies. Es gibt aber auch andere heimische Köstlichkeiten; dazu Wein und frisch gezapftes Bier. ***Infos:*** *tgl. Küche 11.30–22, Schluss ist um 23 Uhr | Wollzeile 5 und Bäckerstraße 6 | Wien | Tel. +43 15 12 61 77 | figlmueller.at | €€*

12 Apron

Österreichische Küche, modern interpretiert und mit einem Hauch Internationalität: So geht Fine Dining in Wien. Und weil man hier weiß, dass immer mehr Zeitgenossen auch fleischlos hochkarätig essen möchten, gibt es auch einige vegetarische Kreationen. ***Infos:*** *Di–Sa 17–22 Uhr | Am Heumarkt 35 | Wien | Tel. +43 19 07 47 47 | restaurant-apron.at | €€€*

13 Swing kitchen by the Schillingers

Zu Swingmusik werden hier komplett vegane, superleckere Burger und Wraps zubereitet. Auch süße Verführungen und Kaffee verwöhnen das Veganerherz –

BEACHFEELING

Das Ausgehviertel Neue Donau bietet viele coole Locations.

und alle anderen, die einfach mal testen wollen, ob das auch wirklich schmeckt. Der Erfolg gibt den Machern recht, denn es existieren bereits einige Filialen in Wien (und eine in Graz). Die Produkte sind bio und fair gehandelt, das Verpackungsmaterial ist CO_2-neutral. ***Infos:*** *tgl. 11–22 Uhr | u. a. Operngasse 24 | Wien | swingkitchen.com | €€*

EINKAUFEN

14 Floh- und Wochenmärkte

Frisches, Eingelegtes, Eingemachtes und andere Köstlichkeiten aus der ganzen Welt. Probier dich durch oder nimm Platz in einem der Restaurants. Lecker ist es, doch die meisten Händler sind arg geschäftstüchtig. Für Fans alter Dinge lohnt der **Flohmarkt,** der jeden Samstag neben dem **Naschmarkt** stattfindet. ***Infos:*** *Naschmarkt Mo–Fr 6–21, Sa 6–18 Uhr | Flohmarkt Sa 6.30–14 Uhr | Wien*

15 Stossimhimmel

In ihrem barocken Gemeinschafts-Atelier leben acht Künstlerinnen ihre Kreativität. Einzigartige Schmuckstücke machen das Atelier, das auch als Verkaufs- und Showroom dient, zum Unbedingt-hin-Tipp für Schmuckfans. ***Infos:*** *Mo–Fr 10–19, Sa 10–18 Uhr | Stoss im Himmel 3/3a | Wien | stossimhimmel.net*

AUSGEHEN

16 An den Gleisen

Zahlreiche Lokale findest du in den Bögen der Stadtbahn. Viele davon sind Musikbars mit Livekonzerten. Beliebt ist z. B. das **B72,** auch das **Chelsea** hat viele Fans. Hierher kommen zu Zeiten wichtiger Fußballspiele vor allem Fußballfreunde, denn es gibt eine Leinwand für Public Viewings. ***Infos:*** *18–4 Uhr | Lerchenfelder Gürtel, U-Bahnbögen 29–30 | Wien | chelsea.co.at*

WER SUCHET …

… der findet allerlei Kurioses auf dem Flohmarkt am Naschmarkt.

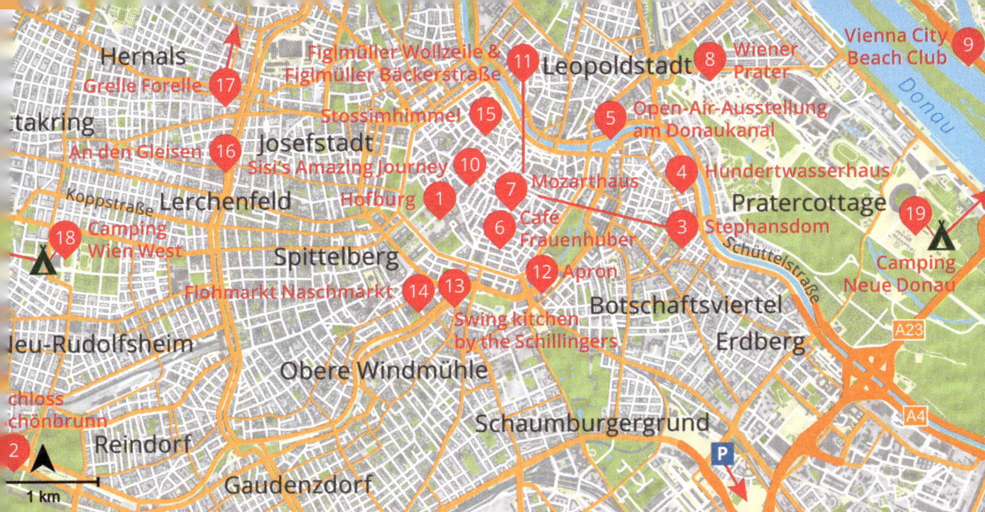

17 Grelle Forelle

Der Club am Donaukanal gilt als erste Adresse Wiens für Fans elektronischer Musik, egal ob Techno, House, Elektro oder Hip Hop. Und immer mal wieder finden Live-Events statt. ***Infos:*** *Fr/Sa 23–6 Uhr | Spittelauer Lände 12 | Wien | grelleforelle.com*

STELL- & CAMPINGPLÄTZE

18 Nah an Wien und Wald

Die Bäume im und am Campingplatz spenden viel Schatten und vermitteln das Gefühl, mitten in der Natur zu sein. Leider könnte er besser gepflegt und ansprechender gestaltet sein. Der Busanschluss an die Stadt allerdings ist genial: In knapp 30 Minuten ist man mittendrin. Neben einem großen Waschhaus gibt es auch einen Indoor-Kochbereich mit Kochplatten.

Camping Wien West

€€ | Hüttelbergstraße 80 | Wien | Tel. +43 19 14 23 14 | campingwien.at/camping-wien-west | ganzjährig, nur Anfang Feb. für 10 Tage geschlossen
GPS 48.214068, 16.250145

▶ **Größe:** *200 Plätze, April–Okt. einfache Zimmer in Reihenbungalows*
▶ **Ausstattung:** *Fahrradverleih (12 €/Tag), Küche, Flipper, Aufenthaltsraum*

19 Ohrenstöpsel sind eine gute Idee

Der Platz liegt nahe der Donauinsel und unweit des Praters direkt am Wasser. Häufigstes Ärgernis: Es ist recht laut. So nah an der Autobahn und in der Einflugschneise des Flughafens wundert das nicht. Doch die Lage am Wasser ist toll, man kann schwimmen und surfen, und es gibt sogar eine Skaterrampe. Die U-Bahn-station liegt nur acht Minuten Fußmarsch entfernt. Mit dem eigenen Rad ist Wien perfekt über den Donauradweg und auf guten Radwegen erreichbar.

Camping Neue Donau

€€ | Am Kleehäufel | Wien | Tel. +43 12 02 40 10 | campingwien.at/camping-wien-neue-donau | Mitte April–Ende Sept.
GPS 48.208513, 16.447561

▶ **Größe:** *250 Stellplätze*
▶ **Ausstattung:** *Waschmaschinen, Trockner, Spielplatz, Restaurant, Minimarkt, Fahrradverleih, Kochstelle, Hundeauslauf an der Donaustadtbrücke*

Der Neusiedler See
Entspannte Tage im Wein- und Vogelparadies

Der größte See Österreichs liegt im Burgenland, im östlichen Teil des Alpenlandes. Es ist eine außergewöhnliche Region: mit salzigen Wiesen, weißen Eseln und vielen Vögeln – 350 Arten sollen es sein. Bereits im Frühjahr, wenn andernorts noch Schnee liegt, beginnt am See die Kirschblüte und der Wein rankt sich der Sonne entgegen. Hier ist es wärmer als anderswo: Um die 2000 Sonnenstunden versüßen den Wein und den aktiven Aufenthalt im Freien.

P *In Podersdorf gibt es einen großen Parkplatz für alle, die ins Strandbad wollen. Am nördlichsten Ende kann er von Womos für ein oder zwei Nächte als Stellplatz kostenpflichtig genutzt werden. Achtung: Tische und Sonnenschutz müssen drinnen bleiben. GPS 47.865248, 16.835836*

STEIFE BRISE

Nicht an der Nordsee, nein, auf dem Neusiedler See bei Podersdorf kommen Kitefans auf ihre Kosten.

AKTIVITÄTEN & SIGHTSEEING

1 Die Weißen Esel finden

Prägend für den **Nationalpark Illmitz** sind die salzigen Laken, ein perfekter Lebensraum für Vögel. Am besten kommst du im Frühjahr, denn dann rasten hier viele Zugvögel. Neben Vögeln sind vor allem die **weißen Barockesel** ein Ausflugsziel. ***Infos:*** *Nationalparkzentrum Illmitz | April–Okt. 8–17, Nov.–März 9–16 Uhr | Hauswiese | nationalpark neusiedlersee.at* ***Parken:*** *GPS 47.753991, 16.761153 | der Ausflug zu den Eseln dauert von hier aus etwa 1 Std.*

2 Unterwegs im Fahrradies

Der **Neusiedler See** bietet perfektes Terrain sowohl für Rennradler wie auch für eher gemütlichere Pedalentreter. Die schönste Route (B10) führt in zehn Stunden (127 Kilometer) einmal um den See herum. Dabei kommst du sogar durch Ungarn. Nimmst du die Fähre von Illmitz nach Mörbisch, bleibst du in Österreich. Radtourkarten erhälst du inm **Tourismusbüro Podersdorf** (*neusiedlersee.com*). Und wer Lust auf einen Schluck salziges Mineralwasser hat, hält an der Bartholomäusquelle in Illmitz. Hier kann jeder sein Fläschchen füllen (*tgl. 5–23 Uhr, GPS 47.761878, 16.800 787*). ***Infos:*** *Fahrradverleih/Reparaturservice Mike's Bike: April–Okt. tgl. 8.30–19 Uhr | Strandgasse 9 | Podersdorf | Tel. +43 09 11 64 92 98 | mikes-bike.at*

3 Vom Winde geweht

Der See ist seicht, das Wasser warm, und es weht viel Wind. Perfekt fürs „wingen", dem neuesten Trendsport, bei dem du mit einem Segel in der Hand wie ein Vogel übers Wasser gleitest. Auch Kiter kommen gerne, und bei Flaute frohlockt der SUP-Freund am **Strandbad** von Podersdorf. Ein Spielplatz erfreut Kinderherzen. ***Infos:*** *Eintritt Mai–Sept. ab 8 Uhr 6,90, Kinder 4,90, Okt.–April 2 € günstiger, nach 19 Uhr kostenfrei. Ausrüstung im* ***Kiteshop*** *| Nord-Nordstrand | Podersdorf | kitesurfing.at*

4 Wein satt verkosten

Das Burgenland gilt als Wiege des österreichischen Weins. Die Sonne scheint früh und reichlich, die Böden sind optimal. Einen geschmacklichen Eindruck von den Weinen der Regionen bietet das **Haus am Kellerplatz** in Purbach. ***Infos:*** *tgl. 9–19 Uhr | Am Kellerplatz 1 | Purbach | hausamkellerplatz.at*

REGENTAG – UND NUN?

5 Ins Dorfmuseum Mönchhof zeitreisen

Es ist nicht nur ein Museum, es ist ein ganzes Dorf, das Josef Haubenwaller dem Lauf der Zeit entrissen hat. 35 Gebäude, darunter Handwerksbetriebe, eine Kirche, eine Windmühle, ein Kaufmannsladen, eine Schule ... Alles ist so liebevoll restauriert und kommt so idyllisch daher, dass manch ein Besucher gerne direkt einziehen würde. ***Infos:*** *Di–So 18–18 Uhr | 10/7, Kinder ab 6 J. 5 € | Bahngasse 62 | Mönchhof | dorfmuseum.at*

ESSEN & TRINKEN

6 Gasthaus zur Dankbarkeit

Sehr beliebtes Gasthaus in der vierten Generation mit ausgesucht guter Küche, regionalen Zutaten und einem Hauch Exklusivität. ***Infos:*** *Do/Fr 11.30–14, 18–21, Sa/So 11.30–21 Uhr | Hauptstraße 39 | Podersdorf | Tel. +43 21 77 22 23 | dankbarkeit.at | €€*

7 Gasthof zur Linde

Rustikale Küche, lecker, einfach und bezahlbar. Es gibt auch Pizza und Eis. ***Infos:*** *Mi–So 7–1 Uhr | Haniflgasse 1 | St. Andrä am Zicksee | Tel. +43 21 76 22 79 | gasthofzurlinde.at | €*

8 Hofgassl

Lust auf Geeiste pannonische Gemüsesuppe mit Melanzanibruschetta und Wein von Weingütern aus Rust? ***Infos:*** *Mi–So 11–23, Küche 12–14 u. 18–21 Uhr, Jan./Feb. geschl. | Rathausplatz 10 | Rust | Tel. +43 26 85 60 763 | hofgassl.at | €–€€*

9 Sunset Bar

Wenn die Sonne im See versinkt, dann sitzt du am besten in dieser Bar am Leuchtturm und genießt das Schauspiel. ***Infos:*** *tgl. 13–24, Sa/So schon ab 10 Uhr | Zentrumsplatz Mole 1 | Podersdorf | Tel. +43 21 77 28 49 | €–€€*

EINKAUFEN

Insider-Tipp

Bedien dich selbst

In kleinen Holzverschlägen an der Straße kann man sich mit saisonalem Gemüse und leckeren Getränken eindecken und selbst bedienen. Gezahlt wird in die bereitgestellte Kasse.

10 Stekovics

Eingelegtes aus dem eigenen Öko-Anbau: etwa die im Stangenglas konservierten Chilis in unterschiedlicher Schärfe – ein Geschmacksexperiment der besonderen Art. ***Infos:*** *Sommer*

24/7

An den Selbstbedienungsständen rund um den See kann man sich jederzeit mit Gemüse oder Getränken eindecken.

Mo–Fr 10–17 Uhr, Frühling auch Sa/So, Winter nur Mi u. Fr | Schäferhof 13 | Frauenkirchen | stecovics.at

STELL- & CAMPINGPLÄTZE

11 Am Wallfahrtsort von Frauenkirchen

Der kleine Platz bietet mit Hecken begrenzte Bereiche für Womos, eine Stellwiese ohne Strom und saubere Sanitäranlagen. Leider ist der Pool nicht in Betrieb.

Camping-Paula

€ | Mönchhoferstraße | Frauenkirchen | Tel. +43 66 44 74 58 26 | camping-paula.com | Mai–Ende Sept.
GPS 47.845258, 16.929654

- **Größe:** *25 parzellierte Stellplätze*
- **Ausstattung:** *Waschmaschine*

12 Sonnenuntergänge vom Feinsten

Der Feriencampingplatz liegt direkt am Strand, hohe Bäume schützen vor Sonne. Seeblick kostet extra. Wohlorganisiert, sauber, gepflegt, aber sehr groß. Das muss man mögen. Hunde dürfen nicht in den See.

Strandcamping Podersdorf am See

€€–€€€ | Strandplatz 19 | Podersdorf | Tel. +43 21 77 22 790 | strandcamping-podersdorfamsee.at | Ende März–Mitte Nov.
GPS 47.854230, 16.826555

- **Größe:** *500 Stellplätze, davon über 200 für Dauercamper*
- **Ausstattung:** *Kinderspielplatz, akzeptiert Visa-Kartenzahlung*

13 Graugänse haben Vorfahrt

Vor allem die Lage nahe dem schönen, denkmalgeschützten Dorfkern von Rust ist attraktiv. Neue Sanitäranlagen seit 2020, direkter Zugang zum Wasser und Eintritt ins nebenan liegende Seebad inklusive. Vorsicht bei der Anfahrt: Graugänse haben hier im Ort Vorfahrt! Das Botschaftstier der Region nistet sehr gerne in der Nähe des Campingplatzes!

Storchencamp Rust

€€ | Seebadanlage Ruster Bucht | Tel. +43 26 83 55 38 | April–Anfang Okt.
GPS 47.800560, 16.693109

- **Größe:** *400 Plätze, die Hälfte Dauercamper*
- **Ausstattung:** *Waschmaschine, kl. Hundewiese (Hunde dürfen nicht ins Wasser), Slip-Anlage, Freibad*

Bad Radkersburg & die südöstliche Steiermark

Unterwegs im Vulkanland

Heiße Quellen, viel Sonne und jeden Menge Natur, das verspricht eine Fahrt durch das Vulkanland ganz im Süden Österreichs. Über die Route 66 geht es bis zur slowenischen und ungarischen Grenze. Im Fokus der Region steht der Genuss: Wein, Käse, Schinken … und das Tolle: Hier kann man zuschauen, wie alles entsteht, denn die Macher gewähren Einblick hinter die Kulissen. Und damit die Pfunde wieder purzeln, geht's aufs Rad – es gibt so viel zu entdecken.

DURCHGEPEST

Der Murauenradweg führt auch in Bad Radkersburg vorbei an der Pestsäule.

AKTIVITÄTEN & SIGHTSEEING

1 Durch Europas Amazonas radeln

Seit 2019 gibt es den UNESCO-Biosphärenpark Amazonas Europa, der an den **Murauen bei Mureck** beginnt und sich über Slowenien, Ungarn, Kroatien und Serbien erstreckt. Die erste Etappe startet in Mureck und führt durch die pannonische Tiefebene nach Murska Sobota in Slowenien. ***Infos:*** *Mureck – Murska Sobota 49 km, 3 Std. | Detailliertes über alle Etappen, Karten und mehr gibt es auf der Webseite aoebiketrail.com/de*

2 Alles Käse oder was?

Fromagerie zu Riegersburg – das ist Käsekunst zum Riechen und Schmecken. Bei **The Cheese Artist** reifen außergewöhnliche Kreationen, erdacht von Bernhard Gruber, dem Mann der 1000 Käsesorten und ein Zauberer seines Fachs. Wie wäre es mit einem Nougat-Camembert oder einem Rum-Zwetschgen-Weichkäse? ***Infos:*** *Mi–Sa 10–18, So 10.30–17 Uhr | Bergl 2 | Riegersburg | thecheeseartist.at*

3 Sich durch die Schokoladenvielfalt durchprobieren

Nach einem Besuch in der Erlebniswelt der **Schokoladenmanufaktur Zotter** sind alle Fragen beantwortet. Wo kommt er her, der Kakao und wie wird daraus diese herrliche zartschmelzende Schokolade? Lust zu probieren? Dann auf ins Schoko-Laden-Theater: An 30 Stationen gibt es Schokolade satt. ***Infos:*** *Mo–Sa 9–20 Uhr | Bergl 56 | Riegersburg | zotter.at | Touren online anmelden*

4 Slowenien besuchen

Das kleine Städtchen **Bad Radkersburg** bezaubert mit seinen restaurierten Gemäuern der Altstadt. Hier finden sich kleine Schänken, Restaurants und Geschäfte sowie das sehenswerte Museum im Alten Zeughaus. Und in einem nur 20-minütigen Fußmarsch geht's über die Mur zur Burg Oberradkersburg in Slowenien. ***Parken:*** *Parkplatz Hasenheide | GPS 46.68644186, 15.98498197* ***Infos:*** *Museum Di/Mi, Fr/Sa 14–18 Uhr | 3,50, Kinder 6–14 J. 1,50 € | Emmenstraße 9 | Bad Radkersburg | museum-badradkersburg.at*

REGENTAG – UND NUN?

5 Hundert Wasser im Rogner Bad Blumau

Heißer Quellendampf, goldene Kuppeln und bunte Säulen – das Thermalbad, entworfen vom Meister bunter Traumwelten Hundertwasser verwöhnt alle Sinne. Abkühlung verspricht der 21° C „kalte" Außenpool, Entspannung der 37° C warme, soleartige Pool „Vulkania". In Hängematten mit Ausblick lässt es sich auch außerhalb des Wassers gut aushalten. ***Infos:*** *Badelandschaft tgl. 9–23 Uhr | Sauna 10–22.45 Uhr | 43–52, Kinder 6–12 J. 22–29 € | Bad Blumau 100 | Bad Blumau | Buchung von Anwendungen Tel. +43 33 83 51 00 97 20 | blumau.com*

ESSEN & TRINKEN

6 GenussHirsch

Frisches Wild bringt der jagende Koch im Februar auf den Tisch. In den anderen Monaten locken Vulkanland-schwein und anderes Getier, dazu saisonale Köstlichkeiten wie Bärlauch, Spargel, Kürbis und die beliebten Käferbohnen. ***Infos:*** *Di–Sa 9–23 Uhr | Donnersdorf 40 | Unterpurkla | Tel. +43 34 75 21 76 | genusshirsch.at | €€–€€€*

7 Markowitsch Buschenschank

Wein aus eigener Herstellung, und auch das Brot der leckeren Jause ist selbst gebacken. Wem es hier gut gefällt, der kann auf der Campingwiese Quartier beziehen. ***Infos:*** *Do–Di 15–23 Uhr | Markowitschweg 4 | Bad Radkersburg | Tel. +43 66 44 50 26 36 | markowitsch.jimdo.com | €–€€*

8 Restaurant Mühlenhof

Leckere regionale Küche mit Bio-Produkten und Kernöl aus der eigenen Erzeugung. ***Infos:*** *tgl. 10–18, Juli/Aug. bis 19 Uhr | Am Mühlenhof 1 | Mureck | Tel. +43 34 72 29 52 | schiffsmühle.at | €*

Insider-Tipp
Klipp klapp

Lohnend ist ein Abstecher zur Schiffsmühle auch für alle, die nicht hungrig sind. Einst mahlten viele solcher schwimmenden Mühlen auf der Mur. Heute gibt es nur noch diese, 1997 nach originalem Vorbild nachgebaut.

EINKAUFEN

9 Murkostladen

Regionaler, saisonaler „Supermarkt". Allein 50 verschiedene, hausgemachte Nudelspezialitäten stehen zur

KULINARIK & HISTORIE

... beides bietet ein Besuch der Schiffsmühle Mureck.

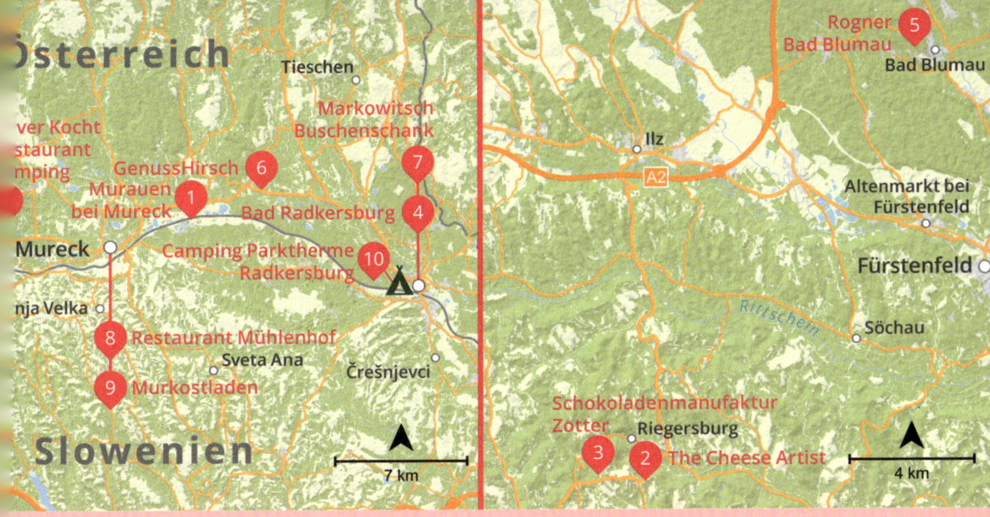

Wahl. Vieles hier ist bio, einiges vegan. Zum Frühstück mit Produkten aus dem Laden locken die Betreiber ins angrenzende Bistro. ***Infos:*** *Mo–Fr 8–18, Sa 7.30–12 Uhr | Lorberplatz 2 | Mureck | murkostladen.at*

STELL- & CAMPINGPLÄTZE

10 Camperglück an der Therme

Dieser gut geführte, große Campingplatz liegt nah am angrenzenden Thermalbad. Auf 12 000 Quadratmetern finden sich 76 große Stellplätze. Für Familien gut zu wissen: Kinder, die noch keine 16 Jahre alt sind, zahlen hier nichts. Einen Tag im Bad zu verbringen, lohnt sich wirklich (im Kombipaket mit einem Eintritt ins Bad buchbar) – erfrischend ein Bad im 25-Grad-Celsius-Außenschwimmbecken, heilend und wohltuend ein Besuch der Solebecken.

Camping Parktherme Radkersburg

€€ | Thermenstraße 30 | Tel. +43 34 76 26 77 556 | parktherme.at | ganzjährig
GPS 46.687342, 15.975532

- **Größe:** *76 Stellplätze, davon 19 für Dauercamper*
- **Ausstattung:** *Waschmaschine, Wäschetrockner, Schließfächer, Spielplatz, Tischtennis, Badestelle für Hunde 500 m vom Platz entfernt*

11 Oliver kocht, du wohnst und isst

Wohnen und Essen – das Konzept geht auf. Die einfache Camperwiese liegt direkt an der wenig befahrenen Straße und hat sich einen Namen unter deutschen Wohnmobilfahrern gemacht. Beliebt ist das dazugehörende Restaurant. Die gehobene Küche und vor allem der Wein lassen sich mit dem Schlafplatz nebenan besonders entspannt genießen. Abendgarderobe braucht es nicht. Wer essen will, sollte aber reservieren. Für den Platz ist das nicht nötig. Anreisen kannst du jederzeit. Bezahlt wird pro Wohnmobil, nicht pro Person.

Oliver Kocht Restaurant Camping

€ | Murfelder Straße 42 | Straß in Steiermark | Tel. +43 34 53 21 001 | oliver-kocht.at | ganzjährig
GPS 46.715893, 15.675863

- **Größe:** *ca. 40 Stellplätze*
- **Ausstattung:** *Restaurant*

PÄUSCHEN?

Wer würde hier nicht gerne rasten und die Aussicht genießen – die Neuburgalm im Gesäuse.

Tour C

Einmal mittendurch – **Von Graz durch die Hochsteiermark & das Gesäuse nach Zell am See**

Von Graz aus führt diese Tour einmal quer durch die Berglandschaft der nördlichen Steiermark, deren wundervolle Naturlandschaft von ebensolchen Wanderwegen durchzogen ist. Auch der Nationalpark Gesäuse ist ein Traum für Naturfreunde; fast ein Geheimtipp, da noch nicht so überlaufen wie manch andere Gegend. Seit Jahrhunderten zieht es Pilger nach Mariazell in die dortige katholische Basilika; und seit ein paar Jahren ganz andere Pilger nach Ramsau: dem Drehort der TV-Serie „Die Bergretter".

Strecke 388 km

Reine Fahrzeit 6 Std. 42 Min.

Streckenprofil gut gepflegte Straßen mit wundervollen Ausblicken

Empfohlene Dauer 1–2 Wochen

Anschlusstouren B D E

FACTS

Tour C im Überblick

Tour-Highlights

Wenn schon steirisch essen, dann auf jeden Fall in *Graz*. *Der Steirer* verwöhnt mit traditionellem Backhendl ▶ **S. 82**

Steirisches Kürbiskernöl gehört zwingend auch in die heimische Küche, daher unbedingt auf zum *Bauernmarkt am Kaiser-Josef-Platz* in *Graz* einkaufen ▶ **S. 82**

Einmal Pilger sein? Dann auf zur *Basilika* in *Mariazell* ▶ **S. 85**

Schwindelerregend schön ist die schwebende *Treppe ins Nichts* auf dem *Dachstein bei Ramsau* ▶ **S. 93**

Bad Hall
Steyr
Purgstall
Scheibbs
Lilienfeld
Waidhofen an der Ybbs
Mariazell & die Hochsteiermark
Seite 84
8
Naturpark Kalkalpen
A9
Wasserlochklamm
Das Gesäuse
Seite 88
Seeberg
Klettersteig Spielmäuer
Admont
9
Mürzzuschlag
Rottenmann
Eisenerz
Kindberg
Burg Oberkapfenberg
A9
S6
Trofaiach
Bruck an der Mur
Leoben
S35
Bärenschützklamm
Tiebersee
Frohnleiten
S36
Knittelfeld
Weiz
Lurgrotte Peggau
Zeltweg
Judenburg
Stift Rein
Murau
Gratwein Straßengel
Köflach
A2
Graz
Seite 80
7
Bad Sankt Leonhard im Lavanttal
Friesach
A2
Straßburg
Althofen
Gurk
Wolfsberg
Deutschlandsberg
A9
Sankt Veit an der Glan
Sankt Andrä
Leibnitz
S37
Griffen
KLAGENFURT
A2
Völkermarkt
Lavamünd
10 km

C Tourenverlauf

Start & Spot 7

Graz
Genuss und Lebensfreude ▶ S. 80

Optionaler Anschluss: Tour B

17 km Von Graz aus führt B67a nach Norden an der Mur entlang. Schon wenige Kilometer hinter der Stadtgrenze lohnt ein kurzer Abstecher.

Stift Rein

Die Geschichte des ältesten Zisterzienserklosters der Welt geht bis ins Jahr 1129 zurück. Noch heute leben die Mönche nach den strengen Regeln ihres Ordens. Das prächtige Gebäude lohnt eine Besichtigung; vor allem die Bibliothek.

i Führungen 10.30 u. 13.30 Uhr | 9, Schüler u. Studenten 3 € | Rein 1 | Gemeinde Gratwein | Tel. +43 31 24 51 621 | stift-rein.at

Insider-Tipp
Keks dich cool

Im Klosterladen des Stifts gibt es nicht nur Schnaps und Oblaten, sondern auch „Nervenkekse nach Art der Hl. Hildegard". Tgl. 10–12.30 u. 13.15–16 Uhr

15 km Zurück auf der B67 Richtung Norden erreichst du Peggau. Der unauffällige Ort wird vom Zementwerk am nördlichen Ortsausgang dominiert. Ein Grund für einen Halt liegt in der Nähe verborgen – unter der Erde.

Lurgrotte Peggau

Die sehenswerte Höhle führt einmal quer durch den Berg und kommt sechs Kilometer weiter östlich in Semriach wieder zum Vorschein. Heute kann sie nicht mehr ganz durchlaufen werden; die Führung von Peggau aus geht etwa einen Kilometer tief in den Berg hinein (ca. 1 Std.). Das ist auf jeden Fall ein Erlebnis: nicht nur wegen der vielen Tropfsteine, sondern auch wegen der Geschichten, die die Führer erzählen können. Innen herrschen 10 °C und 95 Prozent Luftfeuchtigkeit – Jacke mitnehmen!

i 1. April–31. Okt. tgl. 9–16 Uhr | Führungen stdl. 10–15 Uhr (ab 2 Pers.) | 9, Kinder bis 15 J. 6,50, 15–18 J. 7 € | Lurgrottenstraße 1 | Peggau | Tel. +43 68 02 32 42 81 | lurgrotte.com

16 km Nördlich von Peggau fädelst du dich auf die Brucker Schnellstraße (S35) ein. Kurz darauf siehst du am gegenüberliegenden Flussufer die 900 Jahre alte, mächtige **Burg Rabenstein.** In dem aufwendig restaurierten Gebäude mit Glasaufzug und prunkvollen Sälen finden Hochzeiten und andere Veranstaltungen statt. Besichtigungen sind teuer und nur nach Voranmeldung möglich *(burg-rabenstein.at)*. Ein paar Kilometer weiter liegt in einer Biegung der Mur ein hübsches Freizeitzentrum, in dem man sich ein erfrischendes Bad können kann.

Tiebersee

Rund um den zehn Hektar großen See erstrecken sich Liegewiesen mit Schatten- oder Sonnenplätzen. Die Anlage mit nettem Bistro ist gepflegt, das Wasser sauber – der perfekte Zwischenstopp.

i Tieber-Freizeit-Zentrum | tgl. 8–19 Uhr | 6, ab 14 Uhr 5 €, Parkplatz 4 € | Grubenweg 46 | Röthelstein | Tel. +43 67 63 42 22 34 | tiebersee.at | keine Hunde erlaubt

4 km In Sichtweite des Tiebersees führen einige schöne Wanderwege, etwa über die Drachenhöhle zum **Gipfel Röthelstein** *(Parken bei GPS 47.322942, 15.369071)*. Dramatisch und spektakulär ist der Weg, der sich durch die Schlucht der Mixnitz gegraben hat.

ROLL ON

Auf gut ausgebauten Straßen erschließt sich dir die steirische Bergwelt.

TRITTFEST

Recht anspruchsvoll ist die Wegführung in der Bärenschützklamm.

Bärenschützklamm

Auf dem Weg durch die enge Schlucht kommst du an manchen Stellen nur mithilfe von Leitern und schmalen Holzstegen weiter. Eine gewisse Trittsicherheit ist Voraussetzung und mehr als genug Wasser mitzunehmen, unbedingte Pflicht. Bis ganz nach oben brauchst du je nach Fitness etwa vier bis sechs Stunden. Es lohnt sich auf jeden Fall, egal, wieviel Wegstecke du machst: Die Gegend ist atemberaubend schön.

i Mai–Okt. tgl. 7.30–16 Uhr | 5 € Klamm-Erhaltungsgebühren, Kinder 3.50 € | Bärenschütz Weg 40 | Mixnitz | Tel. +43 31 79 23 000 | almen land.at/wandern/baerenschuetzklamm | nicht für Hunde geeignet

P GPS 47.336168, 15.375047 | vom Parkplatz bis zum Eingang der Klamm sind es etwa 30 Min. zu Fuß

20 km Die S35 führt bis Bruck an der Mur entlang. Nachdem du am Kreisverkehr die Ausfahrt Wiener Straße/B116 genommen hast, trennt sich dein Weg vom Flusslauf. Nun folgst du kurz der Mürz und gelangst nach ein paar Minuten nach Kapfenberg.

Burg Oberkapfenberg

Die Burg, die 1173 das erste Mal urkundlich erwähnt wurde, ist seit 1992 im Besitz der Stadtgemeinde. Mit Attraktionen wie Ritterspielen und Armbrustschießen, dem rustikalen Restaurant und der angeschlossenen

Falknerei ist sie nicht nur sehens-, sondern auch erlebenswert. Eine Multimediaausstellung berichtet von der Geschichte der Burg.

i Burgrundgang mit Ausstellungen tgl. 10–17 Uhr, Greifvogelshow April–Okt. Mi–So 11 u. 15 Uhr | Rundgang mit Ausstellungen 8, Kinder bis 15 J. 5, mit Greifvogelshow 14/9 € | Schlossberg 1 | Kapfenberg | Tel. +43 38 62 27 309 | burg-oberkapfenberg.at

35 km | Nach dem Mürztal folgst du jetzt der B20, die dich Richtung Seeberg führt. Die Passhöhe dort ist seit Menschengedenken ein wichtiger Verkehrsknotenpunkt und heute ein beliebtes Wandergebiet.

Seeberg

Auf dem Seebergpass (1246 Meter) kreuzen sich mehrere österreichische Fernwander- und europäische Weitwanderwege: Wer zu Fuß von der Ostsee an die Adria läuft, kommt hier ebenso durch wie die Jakobswegpilger auf dem Weg vom Einsiedlersee in die Pyrenäen. Einen Spaziergang solltest du dir nicht entgehen lassen.

P Zwei Parkplätze sind idealer Ausgangsort für den Start: Rastplatz Seewiesen (GPS 47.620922, 15.266976) und der Seebergsattel nahe dem Weitwanderdenkmal (GPS 47.628876, 15.285516).

Das Selfie am Weitwanderdenkmal, GPS 47.626764, 15.283413, gehört ins Fotoalbum jedes Wanderfans.

8 km | Zehn Minuten weiter kommen auch Kletterer auf ihre Kosten.

Klettersteig Spielmäuer

Drei Klettersteige der Extraklasse erfreuen Kenner und Könner: Neben einer einfacheren Einstiegsroute ist die „Himmelsleiter“, eine 30 Meter lange Strickleiter, die man mit dem Gesicht zum Abgrund begeht, ein echter Kick auch für abgebrühtere Kletterfans.

i Wegscheid 10 | Wegscheid

P GPS 47.683917, 15.323778. Vom Parkplatz am ehemaligen Gasthaus Zur Post brauchst du 30 Min. bis zum Einstieg: gut zum Aufwärmen.

13 km | Vom Klettersteig aus ist es nur noch ein knappes Viertelstündchen bis in den bekannten Pilgerort Mariazell in der Hochsteiermark.

C Tourenverlauf

Spot 8

Mariazell & die Hochsteiermark
Wo Maria auf Natur und Industrie trifft ▶ S. 84

52 km Kurz führt die Route ein Stück zurück auf der B 20; in Gußwerk geht's rechts ab auf die B24. Größtenteils entlang der Salza windet sich die Straße in südwestlicher Richtung und passiert dabei u. a. die **Kläfferquelle,** die für die Wasserversorgung von Wien von großer Bedeutung ist *(GPS 47.648347, 15.141987)*. Auf ebener Fläche direkt an der Salza gelegen wartet mit dem **Camping Wildalpen** ein Highlight auf Kajakfans. Viele haben ihr eigenes Boot dabei, und den ganzen Tag über trainiert jemand an einer der kleinen geschützten Stromschnellen. Andere machen längere Touren oder gehen wandern, denn am Camp führen auch schöne Wanderwege vorbei, so z.B. die Kräuterhalsrunde. Auch für Mountainbiker ist hier ein idealer Startplatz *(€€ | Hofgarten 298 | Wildalpen | camping-wildalpen.at | GPS 47.665407, 14.990329)*. Wasser spielt auch die Hauptrolle beim nächsten Zwischenstopp.

Wasserlochklamm

Für den Ausflug in die wildromantische Schlucht solltest du deine Wanderstiefel schnüren – ohne ist der Weg nicht zu empfehlen. Holztreppen und -brücken führen zu fünf Wasserfällen. Nach ca. eineinhalb Stunden Aufstieg öffnet die geheimnisvolle Karstquelle ohne erkennbaren Zeitplan die Schleusen und ergießt ihre Wassermassen.

 *April–Okt. tgl. 9–18 Uhr | 7 € | Hochschwab Str. 70 | Landl | Tel. +43 36 33 22 01 51 | wasserlochklamm.at*

34 km Die B 24 endet in Erzhalden, hier links ab auf die B25. Diese stößt in Lehnboden auf die B 115; hier noch einmal links, und du fährst mitten hinein in den Nationalpark Gesäuse.

Spot 9

Das Gesäuse
Landschaftsjuwel zwischen Berg und Fluss ▶ S. 88

85 km Über **Admont** mit seiner sehenswerten Bibliothek (▶ S. 89) führt die Route nun nach Westen: über die B146, die in Liezen zur B320 wird, bis nach Ramsau zu Füßen des gewaltigen Dachsteinmassivs. Im **Schloss Trautenfels** *(GPS 47.521344, 14.081295)*, das links der Straße

liegt, kannst du eine Dauerausstellung zur steirischen Geschichte besuchen *(museum-joanneum.at)*. Und wenn es dir (schon wieder) in den Füßen juckt, dann mach einen kleinen Abstecher zum **Salzawasserfall** *(Parkplatz GPS 47.490308, 13.958483, knapp 20 Min.)*.

Insider-Tipp

Frischfisch am Schlossteich

Das Schlossteichstüberl neben Schloss Trautenfels ist ein echter Tipp für Fischliebhaber: Reservieren lohnt sich! Mi–So 10–20.30 Uhr, Tel. +43 36 82 24 767

Spot 

Ramsau am Dachstein

Zu Bergrettern und Skywalkern ▶ **S. 92**

89 km | Genau 88,8 km sind es laut Google von Ramsau bis Zell am See.

Ziel & Spot 

Zell am See

Abwechselungsreiche Tage im Urlaubsparadies ▶ **S. 110**

Optionaler Anschluss: Tour D, Tour E

SALSA AUF DER SALZA

... kannst du mit deinem Kajak tanzen am Camping Wildalpen.

Spot 7

Graz
Genuss und Lebensfreude

Spürst du den Hauch von südländischem Flair? Kommt das vom milden Klima und dem vielen Grün? Oder sind es die verführerischen Düfte aus den Restaurants und Backstuben, die vielen entspannten Menschen? Die Grazer – deren Stadt auch Genusshauptstadt genannt wird – wissen, was gut ist und wie man es sich gut gehen lässt. Sie sind ausgehfreudig, genießen lokalen Wein und gutes steirisches Essen, ob im Restaurant oder beim Picknick im Park. Graz = tolle Stadt und relaxte Lebensweise.

P *Freiheitsparkplatz | Hofgasse 14 | Graz | GPS 47.072537, 15.440959*

DES KÜRBISSES KERN

Auf dem Grazer Markt gibt es zum knackig-frischen Salat auch das typische Kürbiskernöl.

AKTIVITÄTEN & SIGHTSEEING

1 Graz von oben herab bestaunen

Der Grazer Schlossberg ist der Mittelpunkt der Stadt. Vor über 1000 Jahren thronte hier eine kleine Burg, später wurde daraus eine mächtige Festung, die dann schließlich – bis auf Glocken- und Uhrturm – 1809 von Napoleon zerstört wurde. Alles über den Schlossberg und seine Geschichte erfährst du im **Graz Museum Schlossberg.** ***Infos:*** *tgl. 11–18 Uhr | 2, Kinder bis 6 J. kostenlos | Graz | grazmuseum.at/grazmuseum-schlossberg/*

Insider-Tipp

Schnell hoch und runter

In eineinhalb Minuten geht's mit dem Lift oder der Standseilbahn hinauf (2,50, Kinder 1,30 €). Hinunter rutschst du geschwind auf der 175 Meter langen The Slide (5 €) bis zur Altstadt.

2 Durch die Altstadt flanieren

Sich die Grazer Altstadt zu erbummeln ist ein kurzweiliges Vergnügen. Versteckte Hinterhöfe, uralte Geschäfte, der Stadtpark und der Dom, daneben bunt-verspielte Hausfassaden und das Leben in der Stempfergasse und am Hauptplatz. Zeit im Blick? Dann sei um 11, 15 oder 18 Uhr beim **Glockenspiel** dabei, wenn sich hier – wie seit fast 120 Jahren – eine Frau und ein Mann im Kreise drehen. ***Infos:*** *Eine „geführte" Tour auf eigene Faust kannst du z. B. mit der App Locandy unternehmen.*

3 Sich den Außerirdischen künstlerisch annähern

Die Architekten nannten ihr **Kunsthaus Graz,** das sich ganz im Stil des Blob der Standardarchitektur verweigert, liebevoll *friendly alien.* Also keine Angst, das Ding ist kein Ufo. Gewagt gekonnt schmiegt sich der Bau an die alten Häuser. Und so bekam Graz 2003 mit seiner Errichtung ein weiteres Wahrzeichen – mit multidisziplinären Ausstellungen zeitgenössischer Kunst. ***Infos:*** *Di–So 10–18 Uhr | 10,50, Kinder bis 14 J. 4 € | Lendkai 1 | Graz | museum-joanneum.at/kunsthaus-graz*

4 An der Mur zur Skulptur

Der Murradweg, der von den Hohen Tauern bis in die Südsteiermark führt, geht mitten durch Graz. Da liegt es doch nahe, sich aufs Bike zu schwingen und die Gegend zu erkunden. Richtung Süden lohnt ein Ride zum **Schwarzlsee,** wo eine Badelandschaft ins Wasser und auf die Rutsche lockt. Darf's Kultur sein, geht's zum Skulpturenpark nahebei. ***Infos:*** *im Sommer 10–20 Uhr | Bad 7,50, Kinder ab 10 J. 4,50 € | Graz | schwarzlsee.at; Skulpturenpark kostenfrei | skulpturenpark.at*

ESSEN & TRINKEN

5 Caylend

Das Motto hier heißt „exotisch steirisch". Willst du das mal probieren? Dafür gibt es das Tasting Menü *(69 € pro Person).* ***Infos:*** *Mariahilferplatz | Graz | Tel. +43 31 67 11 515 | Mi–Fr 16–24, Sa/So ab 12, Küche bis 21.30 Uhr | caylend.at | €€–€€€*

6 Der Steirer

Das Traditionsrestaurant ist bei Grazern wie Touristen beliebt, und so ist die erste Regel: Reserviere dir einen Platz. Die Küche ist typisch steirisch, die Preise gehoben und das Flair stimmig. ***Infos:*** *11–24, Küche bis 23 Uhr | Belgiergasse 1 | Graz | Tel. +43 31 67 03 654 | der-steirer.at | €€€*

Insider-Tipp

Salat zum Hendl

Besonders beliebt ist der Klassiker: das Backhendl. Und am besten bestellst du dir dazu noch einen Steirer Salat, den ein Schuss Kürbiskernöl so richtig lecker macht.

7 Café Murinsel

Ein Kaffee auf der Mur in der Murinsel? Richtig gelesen: In der Insel, denn die Murinsel ist künstlich aus Metall und Glas gefertigt und von beiden Seiten des Ufers über einen Steg erreichbar. Unter der Glaskuppel gibt es Kaffee, Fruchtsäfte, spritzige Weine und Bier aus der Region. Dazu Kuchen und andere Snacks. ***Infos:*** *Di–So 11–20 Uhr | Tel. +43 31 68 22 660 | Graz | murinselgraz.at | €–€€*

EINKAUFEN

8 Bauernmarkt Kaiser-Josef-Platz

Als DIE kulinarischen Mitbringsel aus Graz gelten steirisches Kürbiskernöl und Käferbohnen. Gut zu bekommen am Kaiser-Josef-Markt, wo neben diesen Spezialitäten auch frische Früchte (die man ja immer brauchen kann) und andere steirische Schmankerln angeboten werden. ***Infos:*** *Mo–Sa 6–13 Uhr | Graz*

FRIENDLY ALIEN 2

Auch das Café Murinsel hat, wie das Grazer Kunsthaus, einen außerirdischen Touch.

AUSGEHEN

9 Jazz im Royal Garden

Schon seit 40 Jahren trifft sich die Grazer Jazz-Society in diesem Kellergewölbe aus dem 15. Jahrhundert. Die Hausband beeindruckt mit Erfahrung und Können. Mal reinhören? Auf der Webseite gibt es Songs zum Download. ***Infos:*** *Bürgergasse 4 | Graz | Tel. +43 66 43 50 51 00 | royalgarden.at*

STELL- & CAMPINGPLÄTZE

10 Einfach mal so dahingestellt

Dieser Stellplatz ist gut an den öffentlichen Nahverkehr angebunden. Die Preise orientieren sich an der Größe des Womos *(20–27 €)*, und es ist egal, wieviel Personen mit dir im Camper wohnen. Selbst-Check-in macht eine einfache Jederzeitanreise möglich. Im Preis inklusive ist auch noch der Besuch des nebenan liegenden Schwimmbads. Der Platz selbst ist parzelliert und praktisch, es gibt schattige Bäume und gut instand gehaltene Sanitäranlagen.

Reisemobilstellplatz Graz 

€ | Martinhofstraße 3 | Graz | Tel. +43 67 63 78 51 02 | reisemobilstellplatz-graz.at
GPS 47.024525, 15.396371

▸ **Größe:** *160 Stellplätze*
▸ **Ausstattung:** *Waschmaschine, Trockner, Hundegarten*

11 Seeurlaub und Urlaubsspaß

Das professionell geführte Camp liegt direkt am See. Es bietet für alle etwas, ob Camper, Zeltfan oder Wohnmobilist, ob Bikinischönheit oder FKK-Fan. Auch als Sportler bist du happy, du kannst wakeboarden, tauchen und vieles mehr. Zum Schwimmen geht's ins Freizeitbad, der Eintritt ist inklusive. Nahebei liegt der Skulpturenpark. Nur einen Fahrradverleih gibt es derzeit nicht, sodass du nur mit dem eigenen Rad nach Graz radeln kannst.

Camping Schwarzlsee 

€€€ | Thalerhofstraße 85 | Premstätten | Tel. +43 13 55 35 770 | schwarzlsee.at
GPS 46.983480, 15.429313

▸ **Größe:** *206 Plätze für Dauercamper, 50 Stellplätze für andere Gäste*
▸ **Ausstattung:** *Waschmaschine, Trockner, Kinderspielplatz*

Mariazell & die Hochsteiermark
Wo Maria auf Natur und Industrie trifft

Die Hochsteiermark lockt Wanderfreunde auf sanfte Almen, zu klaren Seen, zu Quellen und Wasserfällen. Wer innere Einkehr sucht, begibt sich auf den Pilgerpfad, vorbei am weltgrößten Pilgerkreuz in St. Barbara im Mürztal nach Mariazell. Industriegeschichte schnuppern geht auch, denn in der Region fährt nicht nur die älteste Gebirgsbahn der Welt, sondern hier wird seit über 1300 Jahren im größten Erzbergtagebau gebaggert, was das Zeug hält.

P *Radkersburgerplatz | Mariazell | GPS 47.770485, 15.319039 (gebührenpflichtig)*

SINNSTIFTEND

Ob in der Basilika Mariazell oder in der Natur – Besinnung auf sich selbst ist hier auf jeden Fall möglich.

AKTIVITÄTEN & SIGHTSEEING

1 Zum Extraklasseziel pilgern

Devotionalienstände reihen sich um die große **Basilika Mariazell** – DEN Wallfahrtsort Österreichs. Ob philippinische Nonne oder deutscher Lifestylepilger, hier trifft sich seit mehr als 860 Jahren die internationale Gemeinde. Das barocke Marienheiligtum ist auch für Nichtkatholiken sehenswert. ***Infos:*** *tgl. 7.30–19.30 Uhr | Benedictus-Platz 1 | Mariazell | basilika-mariazell.at*

2 Ein Naturjuwel entdecken

Er gilt als einer der schönsten Seen des Landes: der **Grüne See.** Türkisblau schimmert der Schmelzwassersee im Sommer. Vor allem im Mai und Juni ein einmaliges Erlebnis, wenn der See seinen Höchststand erreicht. Vom Parkplatz sind es 20 Minuten zu Fuß. ***Parken:*** *GPS 47.537035, 15.067516 | Tagesticket 4 €* ***Anfahrt:*** *68 km über die B20 von Mariazell Richtung Südwesten*

3 Die Bahn macht mobil

Die Semmeringeisenbahn nahm als erste Hochgebirgseisenbahn der Welt nach achtjähriger Bauzeit 1854 ihren Dienst auf. Heute gehört die 41 km lange, noch immer genutzte Strecke zwischen Gloggnitz und Mürzzuschlag zum UNESCO-Weltkulturerbe. Lust auf ein Mehr zur Bahn? Dann auf ins **Museum in Mürzzuschlag.** ***Infos:*** *Südbahn Museum Mürzzuschlag | Mai–Okt. 10–13 u. 14–17 Uhr, Nov.–April seltener | 7,50, Studenten 6, unter 18 J. 4 € | Heizhausgasse 2 | Mürzzuschlag | suedbahnmuseum.at* ***Anfahrt:*** *50 km ab Mariazell über die B20 und die B23 Richtung Westen*

4 Ein Tagebauabenteuer bestehen

Im steirischen Erzberg wird seit über 1300 Jahren Gestein abgebaut. Im gößten aktiven Tagebau Mitteleuropas kannst du mittendrin dabei sein. Eine Stunde lang geht es auf dem wohl größten Taxi der Welt, einem imposanten Hauly mit Aussichtsplattform, in die Welt der Steine. 800 Meter im Berg lohnt auch ein Blick ins Schaubergwerk vom **Abenteuer Erzberg.** Warm anziehen, denn es herrschen hier konstante 8 °C. ***Infos:*** *Mo–Fr 8.30–15 Uhr | 20–40, Kinder bis 4–15 J. 10–22, 16–20 J. 16–34 € | Anmeldung zur Tour nötig | Erzberg 1 | Eisenerz | abenteuer-erzberg.*

REGENTAG – UND NUN?

5 Auf ein Bier im Gösseum rasten

Bierfans kennen die Marke Gösser; sie gilt als die bekannteste des Landes. 1000 Jahre Braugeschichte, gekonnt in Zusammenarbeit mit der Ars Electronica aufbereitet. Nach zwei Stunden geht mit einer Brezel zum Frischgezapften die Führung zu Ende. ***Infos:*** *April–Okt. Sa/So/Fei 11–15 Uhr | 9,50–12, Schüler/Studenten 7–8,50 € | ganzjährig Mo–Fr nach Vereinbarung | Anmeldung erwünscht | Brauhausgasse 1 | Leoben/Goess | goesser.at/goesseum*

at. **Anfahrt:** *89 km | über die B24 Richtung Südwesten*

Insider-Tipp
Knall mit Folgen
Donnerstags um 8.30 Uhr macht es ordentlich Wumms, denn dann gibt es auf der Fahrt auch noch eine Sprengung live zu erleben.

ESSEN & TRINKEN

6 Brauhaus Mariazell

Familienbetrieb mit hausgebrautem Bier und rustikaler wohlschmeckender Küche. Es gibt nur 54 Sitzplätze, in der Saison lohnt es sich daher, zu reservieren. ***Infos:*** *Mi–Sa 11–14 u. 17–22, So 10–14 Uhr; die Küche schließt um 13.45 bzw. 20.15 Uhr | Wiener Straße 5 | Mariazell | Tel. +43 38 82 25 230 | bierundbett.at | €€*

7 Café-Pub Pfiff

In dieser Location ist immer etwas los – vor allem zu Feierlichkeiten. Ob am Stadtfest oder zu Silvester, wenn es was zu feiern gibt, dann solltest du hier vorbeischauen. Guter Kaffee und lokale Küche. ***Infos:*** *Mo–Fr 7.30–1, Sa 7.30–13 Uhr | Wiener Straße 6 | Mürzzuschlag | Tel. +43 67 64 45 96 42 | Facebook: cafepub pfiff | €–€€*

8 La Fontana

So geht Pizza: dünn und kross, ansprechend belegt und auf den Punkt genau aus dem Ofen gezogen. Da in diesem Ristorante alles reibungslos läuft, geht das zudem schneller als anderswo. Im Sommer lockt der kleine Biergarten am Wasser. ***Infos:*** *Mi–Mo 11–14 u. 17–22 Uhr | Lindmoserstraße 1 | Eisenerz | Tel. +43 66 43 11 80 73 | €€*

EINKAUFEN

9 Apotheke zur Gnadenmutter

Zu viel gegessen? Seit 1780 werden in dieser Apotheke im hauseigenen Labor nach einem uralten Mariazeller Re-

ERFRISCHENDE NACHBARSCHAFT

Am Erlaufsee kannst du vom Womobett direkt in den See fallen.

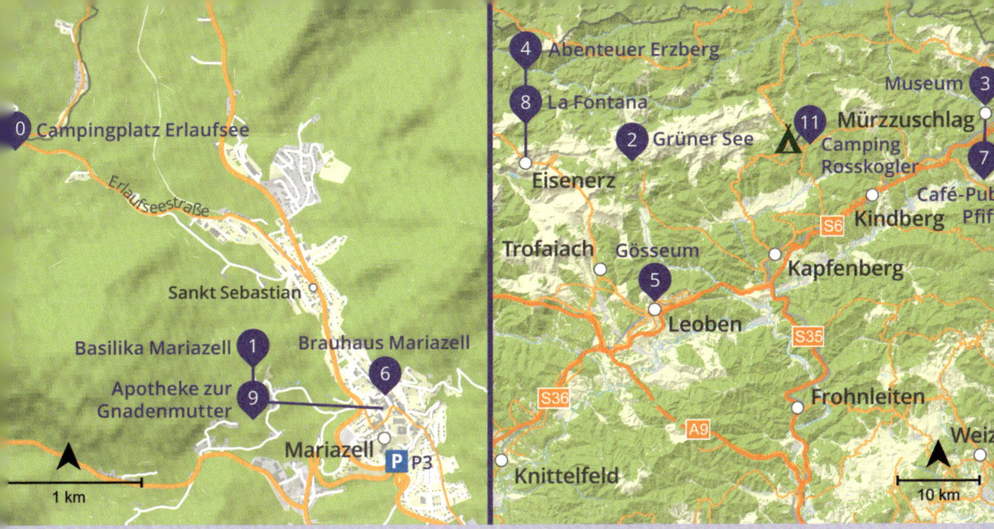

zept Magentropfen aus diversen Kräutern zusammengezaubert. Völlegefühl und Blähungen kannst du danach vergessen. ***Infos:*** *Mo–Fr 8–18, Sa 8–12 Uhr | Hauptplatz 4 | Mariazell*

STELL- & CAMPINGPLÄTZE

10 Dem Wald und See so nah

Der kleine Platz liegt idyllisch am Wald und nur 100 Meter vom Erlaufsee entfernt. Die Naturerfahrung steht hier im Vordergrund (es gibt keinen Wasseranschluss am Stellplatz, und der Platz ist nicht parzelliert). Die Bäder sind sehr sauber und die Anlage gut gepflegt. Wenn ab 23 Uhr die Rezeption geschlossen ist, einfach hinstellen und am nächsten Tag einchecken. Duschen und Geschirrspülen mit Warmwasser kosten extra. Am See kannst du angeln, Boot fahren, tauchen; nahebei auch reiten und Minigolf spielen.

Campingplatz Erlaufsee

€ | Erlaufseestraße 67 | St. Sebastian | Tel. +43 66 46 06 44 400 | camping-erlaufsee.at | Mai–Mitte Sept.
GPS 47.809552, 15.194370

▶ **Größe:** *65 Stellplätze auf Gras und Kies*
▶ **Ausstattung:** *Waschmaschine, Tischtennis*

11 Camping am Seeschwimmbad

Kleiner, familiengeführter Platz mit einem Hauch 1970er-Zeltplatzfeeling. Die große Wiese liegt direkt an den Seebacher Freizeitteichen, und wenn sich die Menschen der Umgebung abkühlen, die Jugend ihre ersten sommerlichen Verabredungen genießt und die Alteingesessenen vom Liegestuhl aus die Gegend fest im Blick haben, gehört der Mehr-als-ein-Tag-Camper schnell dazu. Dauercamper haben sich bereits häuslich eingerichtet. Im See kannst du angeln. Kosten? Je nachdem, was du fängst. Ein kleiner, nahe gelegener Flugplatz erfreut Fans und nervt andere etwas.

Camping Rosskogler

€€ | Seebach 62 | Aflenz | Tel. +43 67 67 57 61 31 | rosskogler.at | ganzjährig
GPS 47.554754, 15.315579

▶ **Größe:** *50 Stellplätze*
▶ **Ausstattung:** *Gaststätte, Waschmaschine, Grillplatz, Tischtennis, Beachvolleyball, Kinderspielplatz, WLAN kostet extra, Hunde willkommen, aber nur im Camp, nicht am See*

Das Gesäuse
Landschaftsjuwel zwischen Berg und Fluss

Wildes Wasser und steiler Fels, sonnige Alm und dunkler Wald: Der Nationalpark Gesäuse ist ein bisher noch relativ wenig besuchtes Naturidyll. Steil und schroff ragt die Felswand der Planspitze in den Himmel. Sie ist Teil der beeindruckenden Hochtorgruppe. Luxuscamps gibt es nicht, doch wer der Natur nahe sein will, ist hier im Paradies. Viele bleiben länger als gedacht und erforschen die Gegend: mal abenteuerlich – etwa beim Rafting –, mal gemächlich wandernd durch die oft noch unberührte Landschaft.

WO DER BERG RIEF

Viele Geschichten und Schicksale erzählen die Grabsteine auf dem Bergsteigerfriedhof Johnsbach.

AKTIVITÄTEN & SIGHTSEEING

1 Die Salza bezwingen

Raften und kajaken auf der Salza bedeutet, die Kraft des Wassers hautnah spüren. Ganz besonders beeindruckend ist die Fahrt durch die **Paflauerschlucht** – auch Steirischer Grand Canyon genannt. ***Infos:*** *Rafting Camp Palfau | Palfau 35 | Palfau/Landl | Tel. +43 36 38 240 | raftingcamp.at | Mai–15. Okt. | hier kannst du auch campen*

Insider-Tipp

Raften am Rolling Stone

Diese wilde Stromschnelle lässt deinen Adrenalinpegel steigen. Auf der Enns saust und braust du durch die Schluchten zwischen den Felswänden der Hochtorgruppe.

2 Den Nationalpark erkunden

Die Themenwege des **Erlebniszentrums Weidendom,** der „Wilde John", der barrierefreie „Leierweg" oder der „Lettmair Au", sind relativ leicht und mit maximal vier Kilometern auch nicht zu lang. Du willst wissen, wie dein Einfluss auf die Natur ist? Das erkennst du im begehbaren ökologischen Fußabdruck. ***Infos:*** *Juli/Aug. tgl. 10–18 Uhr, Mai, Juni, Sept. nur Sa/So und feiertags | kostenlos | GPS 47.581409, 14.591438 | nationalpark-gesaeuse.at*

3 Friedhof der Bergsteiger

Die Gegend hat eine lange Klettertradition, doch die Touren enden nicht immer erfolgreich. Das wird spätestens auf dem **Bergsteigerfriedhof Johnsbach** klar. Zahlreiche, vor allem junge Männer haben an den umliegenden Steilwänden ihr Leben verloren. Viele der mit Portraits versehenen Grabsteininschriften erzählen von solchen Abenteuern. ***Infos:*** *GPS 47.541831, 14.582481*

4 Mountainbiker beglücken

Entlang der Enns oder von Alm zu Alm auf der **Johnsbacher Almrunde** – Mountainbiker können sich austoben. Letztere Route führt dich über zehn Kilometer, 500 Höhenmeter und mit einer maximalen Steigung von zehn Prozent über die Ebneralm, Kölbalm, Huberalm, zurück zur Elbneralm, weiter zur Zeringeralm und zurück

REGENTAG – UND NUN?

5 Ins Mittelalter abtauchen

Das **Benediktinerstift Admont** lockt mit Kloster, Museum und einer beeindruckenden Bibliothek. Um 11 und 14 Uhr gibt's 40-minütige Führungen durch die Welt der Bücher (im Ticket inkl.); ein Audioguide führt jederzeit durchs Gebäude. Sehenswert sind auch die Ausstellungen mit Werken vom Mittelalter bis zur Gegenwart. Draußen lohnen ein Kräutergarten und mehr einen Blick, wenn sich die Sonne wieder zeigt. ***Infos:*** *Juli–Sept. tgl. 9–17, April–Juni u. Okt. Mi–So, März/Nov./Dez. Fr–So 10.30–15.30 Uhr | 12,50, Kinder 5–15 J. 6,50 € | Kirchplatz 1 | Admont | stiftadmont.at*

zum Parkplatz. ***Parken:*** *Parkplatz Ebnerkreuzung | GPS 47.52759, 14.64375*

ESSEN & TRINKEN

6 Gasthof Kölblwirt

Bekannt und beliebt ist der Familienbetrieb für seine gute Hausmannskost – vor allem für das steirische Rindfleisch aus der hauseigenen Bio-Landwirtschaft. ***Infos:*** *Mo–Do 7–22, Fr–So bis 23.30 Uhr, Küche 11.30–20 Uhr | Johnsbach 65 | Johnsbach | Tel. +43 36 11 216 | koelblwirt.at | €€*

7 Der Kamper

Gemütlicher Biergarten und ausgezeichnete Küche. Klassiker wie Omas Gulasch treffen ebenso den Geschmacksnerv wie der Kavalierspitz mit orientalischem Einfluss oder die Steirischen Frühlingsrollen. ***Infos:*** *Di–Sa 9.30–22 Uhr | Hauptstraße 19 | Admont | Tel. +43 36 13 36 880 | gh-kamper.at | €€–€€€*

Insider-Tipp

Weißkraut ganz vegan

Ein Curry, alles darin pflanzlich und sooo lecker. Das Weißkrautcurry ist auch für Fleischesser ein Genuss.

8 Gasthof zum Donner

Donnerwetter ist das schmackhaft. Bei Sonne noch schöner, denn dann kannst du draußen sitzen. Die kräftigende steirische Hausmannskost eignet sich nach einer anstrengenden Wanderung besonders gut, um wieder zu Kräften zu kommen. ***Infos:*** *So–Mi 10–20, Do–Sa 9.30–20 Uhr | Johnsbach 5 | Johnsbach | Tel. +43 36 11 218 | donnerwirt.at | €€*

DER NATUR GANZ NAH

Mit Macht bewacht die Planspitze im Nationalpark Gesäuse das Naturcamp Forstgarten.

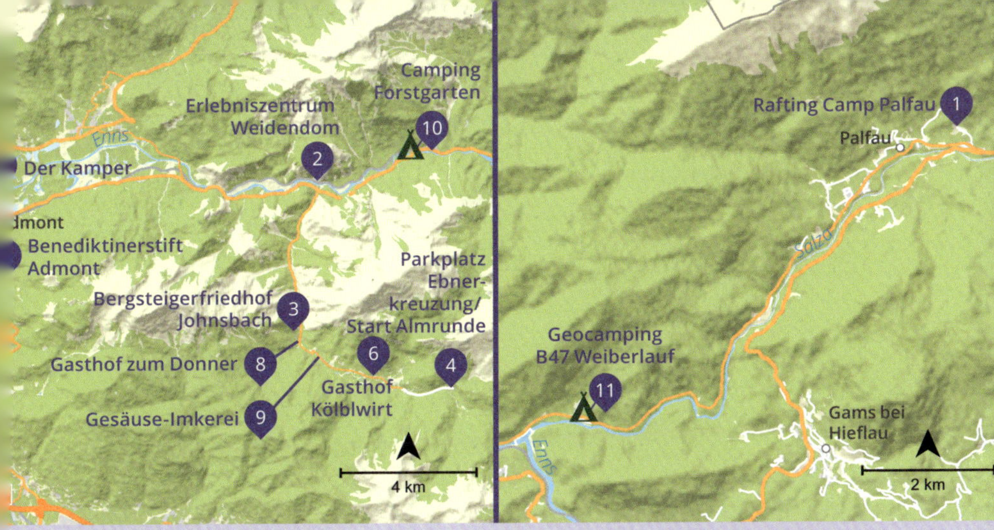

EINKAUFEN

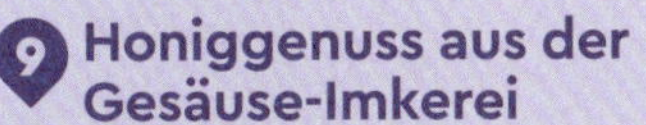

9 Honiggenuss aus der Gesäuse-Imkerei

Wie lecker Gebirgshonig sein kann, schmeckst du hier. Wie wäre ein Cremehonig mit Waldhimbeeren oder Kürbiskernen? Oder doch lieber ein Met (Honigwein) oder Honiglikör? Für Kinder gibt es eine Führung von Imker Geri Kettner (vorher Kontakt aufnehmen). ***Infos:*** *Mo–Fr 10–18 Uhr | Johnsbach 21/2 | Admont |Tel. +43 66 41 85 88 26 | gesaeuseimkerei.at*

STELL- & CAMPINGPLÄTZE

10 Campen im Nationalpark

Wenn sich zum Sonnenuntergang die Planspitze orangerot verfärbt, weißt du: Hier bin ich richtig. Viele Familien mit kleinen Kindern campen auf diesem Naturcamp des Nationalparks. Es gibt Lagerfeuer, an einigen Wochentagen Kino oder Nachtwanderungen und einen Badeplatz direkt an der Enns. Die Toiletten sind einfach, aber okay. Vorbuchen ist nicht möglich. Nur Barzahlung!

Camping Forstgarten 

€ | Gstatterboden 105 | Johnsbach | Tel. +43 66 48 25 23 23 | landesforste.at | Mai–Ende Okt. GPS 47.589549, 14.628116

- **Größe:** *1 ha, Platz für etwa 100 Gäste, Matratzenlager, 1 Ferienwohnung mit Küche für 4 Pers.*
- **Ausstattung:** *Lagerfeuerplätze, Kinderspielplatz, kleine Küche*

11 An der Salza

Der ursprüngliche Platz mit unparzellierten Stellflächen auf mehreren Ebenen am Hang liegt direkt an der Salza. Unten am Fluss starten die beliebten, vom Camp organisierten Raftingtouren. Am Kiesstrand lässt es sich herrlich in den Tag hineinfaulenzen, und abends brennt oft ein Lagerfeuer.

Geocamping B47 Weiberlauf 

€ | Krippau 35 | Großreifling | Tel. +43 36 33 24 00 | camping-weiberlauf.at | Mitte April–Okt. GPS 47.673442, 14.739859

- **Größe:** *2 ha mit etwa 30 Plätzen, 13 Mietunterkünfte (Jurten, Tipis und Chalets)*
- **Ausstattung:** *Restaurant mit Frühstücksoption, Waschmaschine, Lagerfeuerplatz*

Ramsau am Dachstein
Zu Bergrettern und Skywalkern

Der kleine Ort Ramsau liegt auf einem 1100 m hohen Hochplateau und grenzt an die Südwände des Dachsteinmassivs. Hoch droben liegt der östlichste Gletscher der Alpen – und dort kannst du das ganze Jahr hindurch ins Eis. Ramsau selbst hat nur einen minikleinen Ortskern, der Rest sind vereinzelte Höfe und Häuser an einer langgezogenen Straße. Bekannt wurde das Dorf vielen vor allem durch die TV-Serie „Die Bergretter", die seit 2012 ausgestrahlt wird. Ob Markus uns retten kommt, wenn wir uns auf einer Wanderung den Fuß verstauchen? Von einem Praxistest wird abgeraten.

SCHWINDELFREI?

Definitiv keine Höhenangst darf man auf der Dachstein-Hängebrücke verspüren.

AKTIVITÄTEN & SIGHTSEEING

1 Auf den Spuren der Bergretter wandeln

Im Dorf liegt die **Bergretterzentrale** an der Kirche. Der **Hof Emelie,** der alte Pernerhof, befindet sich versteckt auf einem Privatgelände. Gut erreichbar ist das Krankenhaus an der Seilbahnstation in Schladming. Willst du in Markus Koflers Pub etwas trinken gehen, dann fahr zum **Kulm Wirt.** ***Infos:*** *Kulm Wirt 16–22, im Sommer oft bis 24 Uhr | Ramsau 39 | Ramsau | Tel. +43 66 43 92 43 09 | Facebook: KulmWirtPubRamsau* ***Parken:*** *GPS 47.417235, 13.675288*

2 Zum Eispalast skywalken

Wer einmal den Skywalk wagen will, fährt hinauf zum Dachstein zur **Treppe ins Nichts** und zur höchstgelegenen Hängebrücke des Landes. Bist du schon einmal auf dem Dachstein, solltest du dir den **Eispalast** im Inneren des Gletschers nicht entgehen lassen. ***Infos:*** *tgl. 9–16 Uhr, im Winter kürzer | ab 45 € inkl. Bergbahn, sonst 10, 16–18 J. 8, Kinder 6–16. J. 5,50 € | Bergstation GPS 47.451441, 13.620706*

3 Den Dachstein erklettern oder erwandern

Viele Wanderwege und Klettersteige locken auf den Berg. Beliebt ist der Austria Klettersteig Sinabell. Los geht's ab dem **Guttenberghaus** (2146 m). Wenn du die 1000 Höhenmeter überwunden hast, erwartet dich eine herrliche Almwiese. ***Infos:*** *Guttenberghaus | GPS 47.450951, 13.683856 | mehrtägige Kletterkurse mit Übernachtung | alpenverein.at/guttenberghaus.* ***Parken:*** *Parkplatz Feistererhof | GPS 47.42757, 13.67787 | zu Fuß weiter über die Lärchbodenhütte und den Anton-Baum-Weg zum Guttenberghaus | Dauer etwa 3 Std.*

4 Montangeschichte begreifen

Auf ins Schaubergwerk und zum **Öblarner Kupferweg.** Eine Führung durch die lange Bergbaugeschichte der Region dauert mindestens drei Stunden. Sehr viel weniger Zeit brauchst du, wenn dich nur die Stollen und Öfen oder nur das Museum interessieren. ***Infos:*** *Juni–Sept., Museum ganzjährig | 4–20 €, mit Sommercard kostenlos | Anmeldung Tel. +43 66 43 90 00 03 | Walchen 41 | Sonnberg | kupferweg.at/* ***Anfahrt:*** *von Ramsau 37,5 km über die L712 in etwa 45 Min.*

REGENTAG – UND NUN?

5 Lernen, wie Loden gewalkt wird

Viele fahren in Ramsau an der alten **Lodenwalke** aus dem Jahr 1434 vorbei. Im alten Haus, direkt an der Straße ist auch nichts mehr los. Gewalkt und produziert wird heute in der ganz nah gelegenen größeren Produktionshalle. Interessierte sind herzlich eingeladen sich die Herstellung anzusehen. Lust auf eine traditionelle oder eine„moderne" Lodenjacke? Dann schau mal im Shop vorbei. ***Infos:*** *Mo–Fr 9–17, Sa 9–13 Uhr | Lodenwalkerweg | Ramsau | Tel. +43 36 87 81 930 | lodenwalker.at*

ESSEN & TRINKEN

6 Ramsauer Waldschenke

Flotter Service, rustikales Ambiente, typisch steirische Küche. Draußen lockt bei Sonne die Terrasse. ***Infos:*** *Do–Di 10–21.30, Küche 11.30–20 Uhr | Ramsau 91 | Ramsau | Tel. +43 36 87 81 993 | waldschenke-ramsau.at | €€*

7 Walcheralm

Unten im Tal steht der Walcherhof und oben im Berg die urige Walcheralm. Hier ist das ganze Jahr Betrieb. Den Hunger stillen Nockerlsuppe, Erdäpfelnudeln und Bratwurst mit Sauerkraut. ***Infos:*** *tgl. tagsüber | GPS 47.44585, 13.60927 | Tel. +43 36 87 82 422 | €–€€*

Insider-Tipp
Käse-variationen

Der Käse aus der Käserei der Walcheralm ist ein Genuss: Schon allein für die köstliche Käseplatte lohnt der Besuch.

8 Verweilzeit

Außen rustikal, innen modernes Kaffeehaus. Guter Kaffee und leckerer Chai-Latte. Eignet sich perfekt zum Verweilen für einen ausgiebigen Brunch. Nachmittags locken eine große Kuchenauswahl und leckeres Eis. ***Infos:*** *Do–Di 10–18 Uhr | Ramsau 193 | Ramsau | Tel. +43 66 45 01 11 77 | €€*

EINKAUFEN

9 Bauernladen Heimatgold

Zum Einkaufen fährst du am besten nach Schladming. Hier gibt es zahlreiche Shoppingmöglichkeiten, vor allem Kleidung und Nahrungsmittel. Hochwertige Kühlschrankfüller aus der Region führt das Heimatgold. Im angeschlossenen Jauseneck kannst du es dir auch vor Ort schmecken lassen. ***Infos:*** *Mo–Sa 9–18, So 10–17 Uhr | Coburgstraße 49 | Schladming | heimatgold.at*

ALLES EASY

Manch ein Womogast auf dem Camping Puttersee hat zum Relaxen sogar die eigene Hängematte eingepackt.

STELL- & CAMPINGPLÄTZE

10 Camping mit Ausblick

Kleiner Platz in außerordentlich ansprechender Lage am Hang mit Weitblick. Nachteil: Es gibt keinen Schatten. Die sanitären Anlagen sind einfach, aber sehr sauber. Direkt vom Platz aus lockt die Natur zu Wanderungen und Mountainbiketouren.

Camping Dachstein 

€–€€ | Hierzegg 26 | Ramsau am Dachstein | Tel. +43 66 47 50 38 183 | camping-dachstein.at | Mitte Mai–Ende Okt., 20. Dez.–20. März GPS 47.429395, 13.583030

▶ **Größe:** *30 Stellplätze, im Winter 16 | Zimmer in der Pension Gsenger*
▶ **Ausstattung:** *Waschmaschine, Trockner, Fernsehzimmer, Internet kostet extra, Trampolin*

11 Drumherum viel Action

Der kleine Platz auf einer Wiese liegt gehört zum Freizeitpark Ramsau Beach mit Seebad, Volleyballfeld, Riesenschaukel und Trampolin. Drumherum locken u. a. der Hochseilgarten Forest Park und die Sommerrodelbahn Rittisberg Coaster. Langeweile ist ein Fremdwort. Der Platz ist parzelliert und leider schattenlos.

Camping Ramsau Beach 

€ | Schildlehen 128 | Ramsau am Dachstein | Tel. +43 36 87 21 010 | rittisberg.at/de/unterkuenfte/camping-ramsau.html GPS 47.424495, 13.623137

▶ **Größe:** *35 Plätze*
▶ **Ausstattung:** *Waschmaschine, Trockner, Restaurant*

12 Camping für Familien

Baden, surfen, fischen, wandern, radfahren ... all das lockt Gäste, die internationalen Standard suchen, zu diesem Platz direkt am See. Pluspunkt in Sachen Nachhaltigkeit: Das Wasser wird hier mit Solarenergie und Biogas erwärmt. Vorbuchen möglich, alle Plätze kosten dasselbe.

Camping Puttersee

€€ | Hohenberg 2a | Hohenberg | Tel. +43 66 44 84 00 61 | camping-putterersee.at | 15. April–Ende Okt. GPS 47.521322, 14.133051

▶ **Größe:** *90 Stellplätze, 15 Zeltplätze, 1 Ferienwohnung, 2 Blockhütten*
▶ **Ausstattung:** *Liegewiese, Lagerfeuerstelle, Hundedusche, Kiosk*

KLASSIKER IM HOCHGEBIRGE

Eine Wanderung zum Ellmauer Hochtor im Gebiet des Wilden Kaisers.

Der Großglockner & die Kärntner Seen
Von Kufstein nach Klagenfurt

Mitten durch von Nord nach Süd führt dich diese Tour zu einigen ganz besonderen Highlights von Österreich. Es fängt an am Wilden Kaiser: eine traumhafte Landschaft mit Wiedererkennungswert – nicht nur für Bergdoktorfans. Als nächstes fährst du durchs Großglocknermassiv: für viele die schönste Alpenstraße schlechthin. Und zum Schluss, beim Erkunden der Kärntner Seen, erlebst du erholsame Tage in zauberhafter Umgebung; sei es chillig am abgelegenen Weissensee oder stylisch in den Jet-Set-Treffs am Wörthersee.

Tour D im Überblick

Tour-Highlights
Grenzen überwinden kannst du auf einem Trail im Bikepark Leogang ▶ S. 100
Deftige Jause und köstlicher Kaiserschmarrn machen eine Wanderung perfekt. Das gibt es zum Beispiel auf der Wochenbrunner Alm ▶ S. 108
Auf zu neuen Gipfeln geht im Abenteuer Gletscherwelt auf die Panoramaplattform auf dem Kitzsteinhorn ▶ S. 111
Kaiserlichen Ausblick und Murmeltierfreundschaften gibt es am Großglockner an der Kaiser- Franz-Josefs-Höhe ▶ S. 115
Neumarkt am Wallersee
A1
Attersee
ALZBURG
llein
A10
ischofshofen
Radstadt
Schladming
Sankt Johann im Pongau
Naturpark Sölktäler
Biosphärenpark Salzburger Lungau und Kärntner Nockberge
S36
Tamsweg
Murau
Österreich
Friesach
B317
Straßburg
Althofen
Obervellach
Gmünd
Burg Sommeregg
Möllbrücke
Millstatt
Radenthein
Klagenfurt am Wörthersee
Seite 122
B100
A10
Feistritz an der Drau
Weissensee
S37
15
Ossiacher See
Pörtschach am Wörthersee
Villach & die Kärntner Seen
Seite 118
14
A2
A11
Velden am Wörthersee
A23
Arnoldstein
Ferlach
10 km

D Tourenverlauf

Start

Kufstein

Die Tour beginnt in Kufstein, nur einen Katzensprung von der deutschen Grenze entfernt. Bevor du die erlebnisreichen Kilometer unter die Räder nimmst, beginn den Tag doch mit einer Burgbesichtigung: Die **Festung Kufstein** lädt zu einer Zeitreise ein – per kostenlosem Audioguide.

i *Festung Kufstein | tgl. 10–17 Uhr | Eintritt inkl. Berg- und Talfahrt mit der Panoramabahn 12,50, Kinder 7,50 € | kufstein.at*

P *Ein Parkplatz befindet sich am Fuß des Burghügels in der Gilmstraße (abbiegen an der Disk-Tankstelle) | GPS 47.57875, 12.16929*

19 km Du verlässt Kufstein in südlicher Richtung über die B173. Die Straße schlängelt sich durch die Berge und stößt auf die B178, auf der es nach links weitergeht: Zehn Minuten später bist du im „Bergdoktordorf" Ellmau.

Spot 11

Ellmau am Wilden Kaiser
Mehr als ein Besuch beim Bergdoktor ▶ **S. 106**

38 km Auf der gleichen Straße fährst du weiter bis St. Johann in Tirol. Nach rechts geht es ab in den berühmten Wintersportort **Kitzbühel** (▶ S. 131), aber du fährst immer geradeaus vorbei am auffälligen, modernen Hotel & Wirtshaus zur Post auf die B164, die über Bad Leogang nach Saalfelden am Steinernen Meer führt.

Bikepark Leogang

Dein Fahrrad braucht mal richtig Auslauf? In diesem fantastischen Bikepark gibt es atemberaubende Strecken für Anfänger und Könner – ein Superspielplatz, der seit über 20 Jahren immer weiter ausgebaut wird.

P *Bikepark Leogang | Hütten 39 | Leogang | Tel. +43 65 83 82 19 | tgl. 9–16.30 Uhr | ab 23, Kinder ab 11,50, Jugendliche ab 17,50 € | bikepark.saalfelden-leogang.com*

13 km Vom Bikepark aus ist es noch eine Viertelstunde über die B164 bis nach Saalfelden, wo sich in den Bergen westlich der Stadt eine geheimnisvolle spirituelle Stätte verbirgt.

Einsiedelei am Palfen zu Saalfelden

Klingt nach Mittelalter, gibt's aber heute noch (wenngleich selten): Christliche Einsiedler, die ihr Leben in Abgeschiedenheit verbringen. Im Sommer ist die Einsiedelei auf 1006 Metern Höhe ein schönes Ziel für eine kurze Wanderung; Weitsicht und spiritueller Plausch inbegriffen. Die **Burg Lichtenberg,** die nahebei ebenso dramatisch wie verlockend auf einem Felsen thront, ist in Privatbesitz und kann nicht besichtigt werden.

P *Parkplatz Einsiedelei | Lichtenbergstraße 22 | Saalfelden | GPS 47.43957, 12.86214.*

16 km | Von Saalfelden aus erreichst du über die B311 in einer Viertelstunde Zell am See.

Spot 12

Zell am See

Abwechslungsreiche Tage im Urlaubsparadies ▶ **S. 110**

Optionaler Anschluss: Tour C, Tour E

20 km | Hinter Zell am See kannst du dich auf ein fahrerisches Highlight deiner Österreichreise freuen: die **Großglockner Hochalpenstraße.** Du verlässt

NERVENSTARK

Lass im Bikepark die Reifen glühen und zeig, was du und dein Zweirad so draufhaben.

MITTENDRIN

Der Nationalpark Camping hat eine 1-A-Lage direkt an der Grossglockner Hochalpenstraße.

die Seestadt Richtung Süden über die B311 und biegst nach zehn Minuten (vom Ortskern aus) rechts ab auf die B107. 20 Minuten führt die Straße durch das Fuschertal, bis dann die Mautstation für die Hochalpenstraße erreicht ist. Ein schöner Park lädt zum Zwischenstopp ein.

Wild- & Erlebnispark Ferleiten

In dem Tierpark leben über 200 Wildtiere, darunter Bären, Wölfe und Luchse. Im Streichelzoo warten Ponys auf pflegende Kinderhände und im Haus der Fische gibt's ungeahnte Einblicke in das Leben der alpinen Bergseen und Bäche. Der Erlebnispark mit 40 Spielgeräten und ein Restaurant machen das Angebot komplett. Hier vergeht die Zeit wie im Flug!

i *tgl. 9–20 Uhr | 9, Kinder 4–14 J. 4 € | Taxenbacher Fusch 96 | Tel. +43 65 46 220 | wildpark-ferleiten.at*

34 km Hinter der Mautstelle beginnt die Straße, sich den Berg hinaufzuwinden. Mehrere Punkte verlocken zum Anhalten; dabei unbedingt nach Murmeltieren Ausschau halten: Der Anblick der putzigen Gesellen macht einfach gute Laune. Auf 1850 Metern liegt die **Aussichtsstelle Hochmais** *(GPS 47.13000, 12.80707)*, von dort hat man einen atemberaubenden Panoramablick in die Berge. Einige naturkundliche Infotafeln vermitteln Wissen für alle, die nicht nur staunen wollen. Sätze wie „Das Teufelsmühlkees ernährt das Bockeneikees" sind danach kein Rätsel mehr. Etwas über vier Kilometer und sechs Kurven später kommt das **Alpine Naturschaumuseum** in Sicht (▶ S. 115).

*Hier – und zwar genau gesagt an der **Haltestelle Oberes Nassfeld** kurz hinter der Abzweigung zum Naturschaumuseum – gibt es eine (weitere) gute Gelegenheit, die Kamera zu zücken und ein paar Fotos von dem großartigen Bergpanorama zu machen. GPS 47.12167, 12.88190*

Insider-Tipp

Frühstück mit Ausblick

Unbedingt einplanen solltest du einen Brunch auf einem der Rastplätze entlang der Großglocknerstraße mit Sitzgelegenheiten, die es auf den ersten Kilometern noch recht häufig gibt.

Noch ein paar Kurven mehr, dann geht es links ab zur **Edelweißspitze**. Wie wär's mit einer Pause bei Apfelstrudel mit Vanillesauce im gleichnamigen **Berggasthof** (▶ S. 116)? Ein paar Kilometer weiter passiert die Straße die **Fuscher Lacke.** Das ist ein kleiner See, den du womöglich vor lauter Schnee gar nicht wahrnimmst: Die Straße hat inzwischen 2260 Meter über Meereshöhe erreicht, und Schnee gibt's hier oft bis in den Sommer hinein. Was du aber nicht übersehen kannst, ist das kleine Holzhaus mit der Ausstellung „Bau der Straße" (▶ S. 115) mit vielen historischen Fotos. Kurz danach liegt links schon der nächste tolle Aussichtspunkt *(GPS 47.10852, 12.83432)*. Wissbegierige können an diesem Lehrplatz zudem viel über die Geologie der Region lernen. Weiter windet sich die Straße durch die hier oben recht karge Bergwelt. Ein schöner Ausblick folgt dem nächsten, und am liebsten würde man alle paar hundert Meter stehen bleiben. Zwei Tunnel müssen durchquert werden. Hinter dem zweiten, dem Hochtor, liegt ein kleiner **Kiosk.** Einfach mal für einen kleinen Snack anhalten und die frische Luft genießen – hier ist mit über 2500 Metern der höchste Punkt der Route. Traurig, dass es schon wieder bergab geht? Keine Angst, das größte Highlight kommt noch. Dafür musst du 6,6 Kilometer hinter dem Hochtor rechts abbiegen und der Straße weitere 7,7 Kilometer bis zum großen Parkplatz an der **Kaiser-Franz-Josefs-Höhe** (▶ S. 115) folgen: Jetzt stehst du vor dem mächtigen **Großglockner,** dem mit 3798 Metern höchsten Berg des Landes.

Spot 13

Der Großglockner

Hochalpenfeeling pur ▶ **S. 114**

D Tourenverlauf

94 km Knappe 12 Kilometer sind es vom Parkplatz Kaiser-Franz-Josefs-Höhe bis zur **Mautstelle Heiligenblut.** Hier endet die Hochalpenstrecke und führt nun ganz unprosaisch wieder als B107 weiter nach Süden bis ins Drautal und flussabwärts über die B100 bis nach Greifenburg, wo du rechts auf die B87 abbiegst, um nach einer Viertelstunde den Weissensee zu erreichen.

Weissensee

Der lange, schmale See ist fast 12 Kilometer lang, aber nur bis zu 900 Meter breit. So steil ragen die Ufer empor, dass es noch nicht einmal eine Straße drumherum gibt. Als höchstgelegener See der Region ist er allemal einen Besuch wert: Hier ist es ein bisschen ruhiger als an den meisten anderen Gewässern der Region, und im Sommer locken unzählige wunderschöne Wander- und Fahrradwege. Im Winter ist der See dermaßen dick zugefroren, dass sogar LKW mit Holztransporten darüberfahren können. Im Januar findet jährlich ein Eislaufmarathon statt.

48 km Da der Weissensee nicht umfahren werden kann, geht es erst einmal wieder ein Stück zurück bis ins Drautal und dort flussabwärts weiter Richtung Millstätter See. Bei Seeboden am Nordende des Gewässers liegt ein reizvolles historisches Gemäuer.

Burg Sommeregg

Genau der richtige Ort für Mittelalterfans: Jedes Jahr im August finden hier Ritterspiele, historische Märkte und allerlei Tanderadei statt. Ganzjährig kann man sich im Foltermuseum gruseln – und anschließend im rustikalen Burgmuseum über eine zünftige Ritterplatte hermachen.

i Burg Sommeregg | Schloßau 7 | Tel. +43 47 62 81 391 | Mai–Sept. tgl. 11–21, Restaurant Mi–Sa 11–21, So bis 17 Uhr | sommeregg.at

68 km Gemütlich cruist du weiter auf der B98 am Nordufer des **Millstätter Sees** entlang durch das namensgebende Städtchen und Dellach, bis die Straße sich nach links vom Wasser abwendet und in einem Halbkreis um ein Bergmassiv führt. Vorbei am Feldsee und am Afritzer See ist schließlich der Ossiacher See erreicht. Hier erhebt sich die sehenswerte Burg Landskron (▶ S. 119), diesmal mit einer beeindruckenden Vogelshow. Nach Villach und zum Faaker See sind es nur noch wenige Fahrminuten. Willkommen im Land der **Kärntner Seen!**

Spot 14

Villach & die Kärntner Seen

Eldorado für Familien und Sportler ▶ S. 118

40 km

Villach und Klagenfurt sind durch die A2 verbunden, aber viel schöner ist die Variante über die B83. Sie führt zuerst nach **Velden am Wörthersee.** Entlang der Strecke am Nordufer des Sees liegen noch einige weitere Bademöglichkeiten; bis hin zum Strandbad Klagenfurt, das am Ostende des schönen Gewässers liegt. Einmal eintauchen solltest du auf jeden Fall: Im Sommer kann das Wasser im Uferbereich bis über 25 °C warm werden.

Insider-Tipp

SUP-Pause am Wörthersee

Das Strandbad Velden bietet nicht nur Badespaß, es gibt auch einen SUP- und Bootsverleih. Klatsch macht es auf jeden Fall beim Sprung vom 3-Meter-Turm (Mai/Juni 10–18, Juli/Aug. 9–20 Uhr | 6,80 €, ab 15 Uhr die Hälfte).

Ziel & Spot 15

Klagenfurt am Wörthersee

Am wärmsten Alpensee die Seele baumeln lassen ▶ S. 122

Die A 2 bringt dich in anderthalb Stunden (135 km) von Klagenfurt nach Graz, dort **optionaler Anschluss:** Tour B, Tour C

LAZY DAISY

Heute ist mal Entspannen angesagt, am Weissensee in Kärnten.

Ellmau am Wilden Kaiser

Mehr als ein Besuch beim Bergdoktor

Sanft geschwungene, saftig-grüne Wiesen, Wildblumen wiegen sich im Wind, eine Kuh mampft genüsslich vor sich hin und blickt kurz auf, wenn du vorbeikommst. Darüber thront, grau und erhaben, der Wilde Kaiser mit seinen schroffen Felswänden, geheimnisvoll und mythenumwoben. Warum der Berg so heißt, ist umstritten. Vielen reicht der Blick von Süden auf die Gipfelwelt als Erklärung: Siehst du die Form der Krone? Vier Dörfer liegen unterhalb des Bergmassivs, darunter das beschauliche Ellmau, Vielen bekannt aus der Fernsehserie „Der Bergdoktor".

WO IST DOKTOR GRUBER?

Heute jedenfalls nicht in seiner Praxis in Ellmau.

AKTIVITÄTEN & SIGHTSEEING

1 Dr. Gruber suchen

Einmal in der **Praxis** oder am **Gruberhof** vorbeizuschauen – für Fans der Serie ein Muss. Manch einer macht eine E-Biketour zu allen Spots, ein anderer schaut nur in **Going am Marktplatz** oder in **Ellmau in der Bergdoktorpraxis** vorbei. Ausführliche Beschreibungen aller Möglichkeiten gibt es in einer eigens produzierten Broschüre und unter wilderkaiser.info/gruberhof. ***Infos:*** *Der Köpfinghof in Söll nennt sich in der Serie „Gruberhof" und ist von Mai–Okt. Mo–Fr 10–15 Uhr geöffnet | 8, Kinder 5–15 J. 4 €; die Bergdoktorpraxis liegt direkt am nordwestlichen Ortsausgang von Ellmau | GPS 47.512569, 12.290356 | Mai–Okt. Di u. Fr 9.30–12 Uhr | ab 6 J. 4 €*

2 Einen Tag am See verbringen

Es gibt gleich vier schöne Seen: in Ellmau, Scheffau, Söll und **Going.** Letzterer ist sogar ausgezeichnet als der schönste **Naturbadesee** Tirols. Er liegt direkt am Waldrand, wird gespeist aus den Quellen des Wilden Kaisers und hat im Sommer oftmals bis zu 24 °C warmes Wasser. Bei jungen Leuten punktet er vor allem mit seiner großen Freiluftrutsche. ***Infos:*** *Badesee Going | im Sommer 8.30–19 Uhr | 6, Kinder 6–15 J. 3 €, wer keine Gästekarte hat, zahlt 0,50 € mehr*

3 Im Hochgebirge wandern

Lust auf Wandern? Etwa sechs Stunden dauert der Marsch zum **Ellmauer Tor.** Die direkt in der Mitte des Wilden Kaisers gelegene Scharte siehst du schon vom Tal aus und wenn du nicht wandern willst, kannst du sie dir auch gemütlich von der **Gaudeamushütte** aus ansehen. ***Infos:*** *Start der Wanderung ist die Wochenbrunner Alm in Ellmau | eine genaue Beschreibung findest du auf: wilderkaiser.info/de/tours/ellmauer-tor.html*

4 Eine Sommernacht genießen

Im Sommer verwandelt sich das **Dorfzentrum von Ellmau** jeden Dienstag in eine Flanierzone. Einkaufsstände, Musik, in Tracht gekleidete Menschen. Wer Volkstümliches mag, sollte unbedingt vorbeischauen. ***Infos:*** *Mitte Mai–Mitte Sept. Di ab 18 Uhr | Zentrum Ellmau*

REGENTAG – UND NUN?

5 In der Halle hoch hinaufklettern

Der Alpenverein unterhält erfolgreich die **Kletterhalle Alpenverein Kufstein,** nur 20 Kilometer von Ellmau entfernt, und bietet eine 300-Quadratmeter-Vorstiegfläche und einen 40 Quadratmeter großen Boulderbereich. Wer hier was in Kursen gelernt hat, kann sich, wenn der Regen aufhört, auch draußen an den Fels wagen. ***Infos:*** *Mo/Di/Do/Fr 18–22, Mi 9–11.30, Fr auch 9–11.30, Sa/So 14–19 Uhr | 10, 6–18 J. 4 €, für Alpenvereinsmietglieder günstiger | Kinkstraße 24 | Kufstein | Tel. +43 53 72 62 767 | alpenverein.at/kufstein/klettern/kletterhalle*

ESSEN & TRINKEN

6 Wochenbrunner Alm

Traumhaftes Bergpanorama (leider versteckt sich der Wilde Kaiser) zur leckeren traditionellen Küche. Viele fahren mit dem Auto bis zum Hof, wandern und kehren dann ein. ***Infos:*** *tgl. 9–18 Uhr | Wochenbrunnweg 44 | Ellmau | Tel. +43 53 58 21 80 | Facebook: Wochenbrunner Alm | €–€€*

Insider-Tipp
Mit Kids auf die Alm
Für Kinder verspricht der Almbesuch eine Megagaudi mit einem tollem Spielplatz und einem großen Wildgehege.

7 Das Oachkatzl

Im „Eichhörnchen" gibt es Traditionelles, frisch zubereitet mit Zutaten der Saison aus der Region. Tafelspitz mit Pommes ist immer im Angebot, aber die leckeren gebratenen Zucchini nur, solange die Ernte der Saison reicht. Große Portionen. ***Infos:*** *Fr–Di 10–23, warme Küche 11.30–21 Uhr | Dorf 43 | Ellmau | Tel. +43 53 58 44 069 | dasoachkatzl.at | €€–€€€*

8 Memory

Pizza, Pasta und Burger kommen immer gut an – so auch hier in Ellmau. Und diese Pizzen sind wirklich gut. Auch die Eisbecher und der kräftige Espresso bleiben in guter Erinnerung. ***Infos:*** *Di–So 10–24 Uhr | Dorf 39 | Ellmau | Tel. +43 53 58 22 43 | memory-ellmau.at | €*

EINKAUFEN

9 Ellmauer Obstbrennerei & Marmeladenküche

Liköre, Schnäpse und edle Brände. Hier kannst du kosten und kaufen. Und wer es weniger alkoholisch mag, der verliebt sich schnell in die köstlichen Marmeladen. ***Infos:*** *Mo–Fr 9–17, Sa 9–12 Uhr | Auwinkl 4 | Ellmau | obstbrennerei.at*

GAR FESCH

Die Wochenbrunner Alm ist ein kleines Schmuckstück in den Tiroler Alpen.

STELL- & CAMPINGPLÄTZE

10 Blick auf den Wilden Kaiser

Direkt am Wald in Söll liegt dieser familiengeführte Hof mit eng beieinanderliegenden Stellplätzen neben dem Franzlhof. Das Restaurant ist beliebt, und der Saunagarten mit kleinem Pool erfreut Wellnessfreunde.

Camping Franzlhof

€€–€€€ | Dorfbichl 37 | Söll | Tel. +43 53 33 51 77 | franzlhof.com | Dez.–Ende Okt.
GPS 47.508516, 12.190040

- **Größe:** *60 Stellplätze, davon 30 Dauercamper, einige Bungalows*
- **Ausstattung:** *Mietbadezimmer, Sauna und Pool*

11 Von Bergen umgeben im Kelchsauer Tal

Familie Seiwald betreibt den großen, aber familiären Campingplatz etwa 20 Kilometer von Ellmau entfernt. Die Stellplätze liegen teils terrassenförmig am Hang, teils auf ebener Wiese. Der Name verspricht Reiten, doch leider geht das auf dem Hof selbst nicht (aber 4 km entfernt). Bei schlechtem Wetter trifft man sich im Aufenthaltsraum (besonders im Winter beliebt, da beheizt). Ganz nah liegt ein beheizter Pool, und vom Platz aus starten viele Wanderwege.

Camping Reiterhof 

€€ | Kelchsauer Straße 49 | Hopfgarten | Tel. +43 53 35 35 12 | campingreiterhof.at. | ganzjährig
GPS 47.443924, 12.189916

- **Größe:** *130 Stellpätze, davon die Hälfte für Dauercamper*
- **Ausstattung:** *Mietbäder, Waschmaschine, Wäschetrockner*

12 Camping am Flüsschen

Der kleine Platz gehört zu den günstigeren der Region, die Berge sieht man leider nur am Horizont. Ellmau ist etwa 30 Kilometer entfernt. Dafür gibt es hier drumherum Natur pur und keine Spur von Massentourismus, wie er in der Nähe des Wilden Kaisers zu finden ist. Der biologisch geführte Hof mit Campingoption ist gut geführt und die Stimmung angenehm entspannt.

Naturcamping Maurerhäusl

€€ | Unterwarming 3 | Hochfilzen | Tel. +43 66 42 06 92 02 | maurerhaeusl.com | ganzjährig
GPS 47.487212, 12.611105

- **Größe:** *36 Stellplätze, im Haus 4 Wohnungen und 1 DZ*

Zell am See
Abwechslungsreiche Tage im Urlaubsparadies

Im Winter wie im Sommer: Diese Gegend verzaubert einfach. Ein See, viele Berge – weiß gekrönt die ganz hohen Gipfel. Mit der Seilbahn bist du schwupps auf deinem ersten Dreitausender. Skifahrer wedeln oft bis in den Sommer hinein auf dem Gletscher herum. Und rodeln geht sogar das ganze Jahr. Wandern, mountainbiken, Downhill-fahren, kajaken, schwimmen oder mit dem SUP den See erkunden, alles inmitten schneebedeckter Gipfel. So geht Herrlich.

P *Parkplatz Steinergasse 3 (gebührenpflichtig) | Zell am See | GPS 47.326410, 12.796190*

PERSPEKTIVWECHSEL

Wie wäre es, das erhabene Kitzsteinhorn mal vom Wasser aus auf sich wirken zu lassen?

AKTIVITÄTEN & SIGHTSEEING

1 Ahoi zur See

Gemütlich sitzt es sich hier auf dem Sonnendeck der Panoramatourenboote von **Schmitten Schifffahrt** *(schmitten.at/de/Schifffahrt-am-Zeller-See)*. Leicht schaukelt das Boot, die Bergwelt drumherum ist atemberaubend. Wenn du lieber selber paddelst, miete dir einfach ein Kajak. ***Infos:*** *Kajakcenter: Juni–Mitte Sept. 9–19 Uhr | Nordufer Campingplatz | Zell am See | Tel. +43 66 43 36 14 87*

2 Der Berg ruft

Auf den Zeller Hausberg, die **Schmittenhöhe,** geht es bequem per Seilbahn. Oben wird dir ein Wow über die Lippen kommen, denn der Panoramablick über 30 Dreitausender ist etwas Besonderes. Zahlreiche Wege führen durch die Natur. Nach der Erkundung des **Mystischen Waldes** bist du bestens informiert über die Sagenwelt der Region. ***Infos:*** *Bergbahn Talstation | Hin-und Rückfahrt ab 23, Kinder ab 11,50 € | Schmittenstraße 119 | Zell am See | schmitten.at/de*

3 Die Gletscherwelt erleben

Die **Panoramaplattform** auf dem **Kitzsteinhorn** liegt auf 3000 Höhenmetern. Von hier blickst du über die erhabenen Berge der Region. Unterhalb der Plattform erwartet dich eine Sommerrodelbahn. ***Infos:*** *Gondeln ab Kitzsteinhorner Bahnstation Kaprun | GPS 47.189719, 12.682260 | Tickets 8–15 Uhr | kitzsteinhorn.at/de/gipfelwelt-3000* **Anfahrt:** *15 km südlich von Zell am See über die Kesselfallstraße.*

Insider-Tipp

Unterwegs mit den Öffis

Im Sommer gibt es die kostenlose Mobilitätskarte Pinzgau. Mit ihr geht es mit dem Bus von Zell am See zur Kitzsteinhorner Bahnstation und zurück.

4 Anschauen, was vom Gletscher übrig blieb

Strudelköpfe und Kölke: Lustige Begriffe sind es, die die geologischen Formen in der **Sigmund-Thun-Klamm** beschreiben. Ein Spaziergang auf den gut befestigten Holzstegen vorbei und über die 32 Meter tiefe Spalte ist beeindruckend. Vor etwa 14 000 Jahren – in der Späteiszeit – war das ganze Kapruner Tal noch von Gletscher bedeckt, und als dieser talwärts wanderte, entstand diese tiefe Klamm.

REGENTAG – UND NUN?

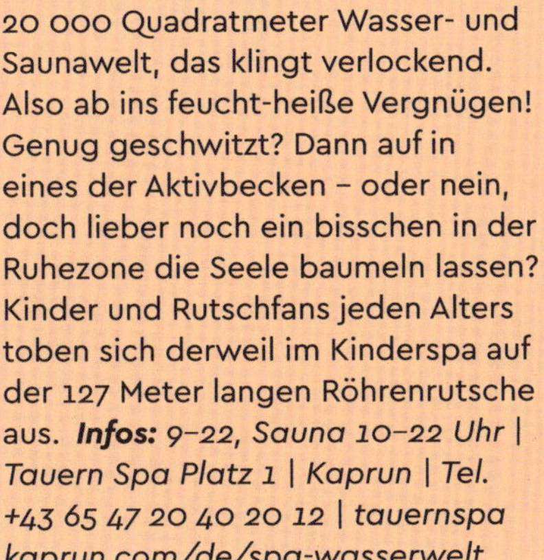

5 Im Tauern Spa entspannen

20 000 Quadratmeter Wasser- und Saunawelt, das klingt verlockend. Also ab ins feucht-heiße Vergnügen! Genug geschwitzt? Dann auf in eines der Aktivbecken – oder nein, doch lieber noch ein bisschen in der Ruhezone die Seele baumeln lassen? Kinder und Rutschfans jeden Alters toben sich derweil im Kinderspa auf der 127 Meter langen Röhrenrutsche aus. ***Infos:*** *9–22, Sauna 10–22 Uhr | Tauern Spa Platz 1 | Kaprun | Tel. +43 65 47 20 40 20 12 | tauernspakaprun.com/de/spa-wasserwelt*

Infos: *Mai–Okt. | kaprunmuseum.at*
Parken: *GPS 47.249395, 12.737226*

ESSEN & TRINKEN

6 Deins & Meins

Leckeren Käse gibt's bei den Pinzgauer Kasnockn, Fettuccine werden mit Trüffeln erst richtig lecker, und wer hausgemachte Nudeln zu schätzen weiß, wird auch glücklich. Und nicht zuletzt gibt es gute Pizzen. ***Infos:*** *Mo–Sa 17–23 Uhr | Schlossplatz 5 | Zell am See | Tel. +43 65 42 47 244 | deins-meins.at/ €€*

7 Speisenmeisterei am Lohninghof

In das Gebäude von 1120 kehrte man schon in alten Zeiten zu Speis und Trank ein. Dann drohte es zu verwahrlosen. Ein Kulturverein gründete sich und renovierte 2002 umfassend. Nun gibt es auch wieder ein Restaurant mit traditioneller österreichischer Küche. ***Infos:*** *Mi/Do/So 11.30–19.30, letzte Reservierung bis 17.30, Fr/Sa 11.30–14 u. 18–21 Uhr | Reservierung erforderlich | Seeuferstraße 6 | Zell am See | Tel. +43 65 42 47 448 | speisenmeisterei.at | €€€*

8 Meet&relaX

Entspannte Atmosphäre, gut gelaunte Gastgeber – das geht sich aus: Snacks und Kuchen, eine wechselnde Tageskarte und leckeren Kaffee. Für Drinnen- und Draußensitzer. ***Infos:*** *Mo–Sa 9–19 Uhr | Auerspergstraße 2 | Zell am See | Tel. +43 66 45 28 54 52 | meetandrelax.at | €€*

EINKAUFEN

9 Heimatgold

Eine noble Adresse für einen Bauernladen, und die Preise sind auch nicht eben günstig. Aber die Qualität stimmt: Ausgesucht Gutes aus der Region wandert hier vom Regal in deinen Einkaufskorb. ***Infos:*** *Mo–Sa 9–18, So 10–17 Uhr | Bahnhofstraße 1 | Zell am See | Tel. +43 36 87 22 50 55 00 | heimatgold.at*

BURGERJAUSE

Beim Snacken mit Seeblick sammelst du Kraft für die nächsten Ausflug.

STELL- & CAMPINGPLÄTZE

10 Dem See ganz nah

Parzellierte Stellplätz ganz nah am See (getrennt durch einen Zaun und Fußweg). Moderne sanitäre Anlagen und alles, was der komfortliebende Caravaner braucht. Am See locken ein Badebereich, ein Restaurant und ein Kinderspielplatz. Wer ohne eigenes Sportequipment reist, kann sich Räder, Kajaks und SUPs leihen.

Seecamp Zell am See

€€€ | Thumersbacherstraße 34 | Zell am See | Tel. +43 65 42 72 115 | seecamp.at | ganzjährig GPS 47.339485, 12.809454

▶ **Größe:** *160 Stellplätze*
▶ **Ausstattung:** *Restaurant, Waschmaschine, Trockner, Bügelstation, Hundedusche, Grillplatz, Tischtennis*

11 Und nebenan grast die Kuh

Auf dem kleinen Platz empfängt dich die freundliche Familie Bründlinger. Das Team ist kompetent, herzlich und zuvorkommend. Dass der Platz knappe 400 Meter vom See entfernt liegt, nimmt jeder gern in Kauf. Die sanitären Anlagen sind älteren Datums, aber sehr gut gepflegt. Kinder lieben die kostenfreien Gokarts, die weichen Häschen und die gackernden Hühner.

Panorama Camp Zell am See

€€ | Seeuferstraße 196 | Zell am See | Tel. +43 65 42 56 228 | panoramacamp.at | ganzjährig GPS 47.301686, 12.816066

▶ **Größe:** *1 ha mit 65 Stellplätzen, Zimmer im Haus*
▶ **Ausstattung:** *Kiosk, Kinderspielplatz, Tischtennis, Waschmaschine, Trockner*

12 Luxus am Privatsee

Diese Luxusanlage hat sich dem Sport und dem Komfort verschrieben. Camper wohnen direkt am hauseigenen Badesee auf großen Parzellen. Wer mag, kann sich ein eigenes Bad mieten, einige sogar mit Badewanne. Sportangebote sind Golf, Tennis, Fitness, und natürlich gibt es auch Fahrräder zum Ausleihen.

Sportcamp Woferlgut

€€€ | Krössenbachstraße 40 | Bruck | Tel. +43 65 45 73 030 | sportcamp.at GPS 47.282564, 12.817101

▶ **Größe:** *350 Stellplätze, davon 130 für Dauercamper, Mietcaravans, großzügige Zimmer und Ferienhäuser*
▶ **Ausstattung:** *Wellnesscenter, Badesee, Schwimmbad, Hundedusche, Kinderclub, Niederseilgarten u.v.m.*

Der Großglockner
Hochalpenfeeling pur

Hoch oben in den Bergen der Hohen Tauern, dort wo nur ein paar verwegene Bergsteiger herumkraxelten und Murmeltiere sie neugierig begrüßten, entstand zwischen 1930 und 1935 die Hochalpenstraße Großglockner; gebaut mit Spitzhacke und Seilzügen, jeder Menge Muskelkraft und einer schier unglaublichen Ausdauer. Damals wie heute sorgt diese Leistung für Begeisterung, und es lohnt sich wirklich, diese Strecke zu fahren. Im Winter ist alles zugeschneit – meterhoch. Doch zwischen Mai und November solltest du dir die 36 Kurven auf 48 Kilometern durch die fantastische Bergwelt nicht entgehen lassen.

EINFACH WOW

An der Edelweißhütte kannst du die großartige Bergwelt am Großglockner in Ruhe betrachteten.

AKTIVITÄTEN & SIGHTSEEING

1 Das Murmeltier grüßen

Die putzigen Nager wirst du mit nahezu 100-prozentiger Sicherheit sehen. Diese Erdmännchengattung, die bereits in der Eiszeit durch karge kalte Landschaften turnte, legt sich ab Oktober schlafen. Im März, wenn die ersten Hungrigen ihre Nase schnuppernd aus den Höhlen strecken, beginnt das Leben im Murmelland wieder. Mehr Infos bietet das kostenlose **Alpine Naturschaumuseum.** ***Infos:*** *tgl. 9–17 Uhr | Großglocknerstraße | Fusch | GPS 47.12232, 12.82115*

2 Zum höchsten Punkt tuckern

Der höchste Punkt der Hochalpenstraße ist die **Edelweißspitze.** Vom steinernen Turm aus schweift dein 360-Grad-Blick über 37 Dreitausender und 19 Gletscherfelder. Übrigens: Für den Bau des Parkplatzes schrumpfte die Spitze des Bergs von 2577 auf 2572 Meter. ***Infos:*** *bei Frühlingsbeginn ist die kurze Zufahrtsstraße oft noch nicht geräumt*

3 The story in the house

Das kleine Haus für die Ausstellung **„Bau der Straße"** ist ein Original. Ist es noch bewohnt? Von draußen hört man Stimmen. Doch das Gespräch der sich unterhaltenen Puppenmänner kommt vom Band. Ihre Werkzeuge wie Spitzhacken, Seilzüge und Presslufthammer machen eines ganz klar: Es war eine Meisterleistung, diese Straße über den Berg zu bringen. ***Infos:*** *Fuscher Lacke | GPS 47.111495001979044, 12.83256087861057*

4 Kaiserlicher Ausblicke wagen

Der berühmteste Gast der Bergwelt war Kaiser Franz-Josef. Lange vor dem Bau der Straße wollte er die Pasterze sehen, eine riesige Gletscherzunge. Nach diesem Abenteuer benannt ist die **Kaiser-Franz-Josefs-Höhe** auf 2369 Metern. Noch in den 1960er-Jahren reichte die Gletscherzunge bis zur Plattform – heute müssen Pasterzenfans wandern. Etwas leichter wird's mit der kleinen Bergbahn, die den steilen Auf- und Abstieg erleichtert. ***Infos:*** *Gletscherbahn Ende Juni–Mitte Sept. 10–16 Uhr | einfache Fahrt 9, hin und zurück 13,50 €*

Insider-Tipp

Geführt doppelt spannend

Ab Mitte Juli bis Ende September gibt es jeden Tag um 10.30 und 13.30 Uhr kostenlose einstündige Führungen über den Panoramarundweg. Anmelden musst du dich nicht, Treffpunkt ist am Besucherzentrum (s. u.).

REGENTAG – UND NUN?

5 Kraft tanken im Besucherzentrum

Wenn es regnet, legt am besten einen Ruhetag ein. Diese Strecke sollte man bei trockenem Wetter erleben. Tropft es unterwegs einmal plötzlich los, dann auf in die 1500 Quadratmeter große Ausstellung an der Kaiser-Franz-Josefs-Höhe. ***Infos:*** *tgl. 10–17 Uhr | grossglockner.at/gg/de/grossglockner/kaiserfranzjosefshoehe*

ESSEN & TRINKEN

6 Knapp Casa

Tolle Aussichtsterrasse inmitten der Wiesen und Berge. Innen ist es urig und gemütlich. Eine große Speisekarte präsentiert rustikale Küche, richtig saftig deftig. Beliebt und gut sind der Kaiserschmarren und die zum Kraut gereichten Fleischkrapfen mit Käse und Speck. ***Infos:*** *Juni–1. Okt. tgl. 10–18 Uhr | Winkl | Tel. +43 66 42 74 11 73*

7 Berggasthof Edelweißspitze

Das Gasthaus ganz oben an der höchsten Stelle des Passes, gibt es genauso lange wie die Straße selbst – also seit 1935. Bereits die Urgroßeltern der heutigen Betreiber hatten sich mit ihrer guten herzhaft-regionalen Küche einen Namen gemacht. ***Infos:*** *tgl. 9–19 Uhr | Familie Kurt Lederer | Fusch an der Großglocknerstraße | Tel. +43 65 45 74 25 | edelweissspitze.at*

8 Fuscherlacke Mankeiwirt

Kaiserschmarren oder eine andere lokale Köstlichkeit in authentischer Umgebung gefällig? Dann nix wie hin. Schöne Sonnenterrasse mit super Ausblick. ***Infos:*** *tgl. 9–20 Uhr | Fusch an der Großglocknerstraße | fuscherlacke.at | €€*

EINKAUFEN

9 Maskottchen Murmi

Wie wäre es mit einem flauschigen kleinen Murmeltierkerl als kuschelige Erinnerung an deine erlebnisreiche Reise? Das Maskottchen der Region ist Murmi das Murmeltier. ***Infos:*** *Maskottchen gibt es im Besucherzentrum und beim Alpinen Naturschaumuseum (▶ S. 115) und beim Mankeiwirt (s. o.).*

URSPRÜNGLICH

Camping beim Grubenbauer.

STELL- & CAMPINGPLÄTZE

10 Schon fast am Pass

Auf den parzellenfreien Platz am Fuß der Großglockner Hochalpenstraße passen etwa 150 Womos. Die sanitären Anlagen sind leider recht alt. Ansonsten ist der Platz toll, nicht zuletzt wegen der Lage. Wer hier die Nacht verbringt, kann am nächsten Morgen entspannt losfahren und einer der ersten auf der Straße sein. Beliebt ist das hauseigene Restaurant Alm Casino mit rustikaler Küche.

Nationalpark Camping Großglockner

€€ | Hadergasse 11 | Heiligenblut | Tel. +43 48 24 20 48 | nationalpark-camping.at | ganzjährig | GPS 47.037336, 12.839166

- **Größe:** *150 Stellplätze*
- **Ausstattung:** *Kinderspielplatz, Kreditkartenzahlung möglich*

11 Idylle pur

Ein Kleinod unter den Campingplätzen: Du stehst abseits der Straße auf einer Weide, daneben ein Hof, im Tal Schafe und Ziegen, eine Hängebrücke führt über den Fluss. Herrlich! Saubere Toilettenanlagen und eine Jause nebenan. Der Platz ist eher für Zelte ausgelegt, aber auch Womos dürfen kommen, wenn sie nicht allzu groß sind und auch nicht unbedingt Strom brauchen.

Grubenbauer Camping 

€ | Namlach 11 | Winklern | Tel. +43 48 22 361 | camping-grubenbauer.at | ganzjährig GPS 46.871433, 12.884683

- **Größe:** *etwa 10 Wohnmobile*
- **Ausstattung:** *2 Tennisplätze, Restaurant*

12 Luxus am Privatsee

2019 wurde dieser Platz eröffnet, und entsprechend modern ist hier alles. Aber irgendwie wirkt er auch etwas übertrieben stylisch. Vor allem für einfache Camperfans ist das teurer, als es müsste, denn jeder zahlt für Strom, platzeigenen Wasserhahn und Abfluss. Fazit: Schöne Lage, aber teuer, wenn man einfach reist. Kein Schatten.

Campingplatz Hochoben

€€€ | Mallnitz 226 | Mallnitz | Tel. +43 47 84 21 330 | hochoben.at | ganzjährig GPS 46.986960, 13.168169

- **Größe:** *94 Stellplätze, Mietchalets*
- **Ausstattung:** *Badezimmer mit Fön, Waschmaschine, Trockner, Restaurant*

Villach & die Kärntner Seen

Eldorado für Familien und Sportler

Warme Seen, superleckeres Essen – selbstverständlich mit Zutaten aus der Region, drumherum hohe, beeindruckende Berge: Das klingt wie ein plakativer Werbetext in einer Tourismusbroschüre, ist aber „ganz in echt" so schön. Die Kärntner Seen, darunter der Weissensee, der Ossiacher, der Millstätter und der Faaker See, verlocken zum Längerbleiben. Es gibt viel zu erleben und nicht nur Wasserfans sind begeistert. Die Campingplätze liegen meist direkt am Ufer, und die Stimmung zwischen Ruhesuchenden, Sportlern und Familienurlaubern stimmt.

ADLERAUGE

Von der Adlerarena der Burg Landskron bewacht Adler Alexander aus dem Film „Wie Brüder im Wind" das Kärntner Villach.

AKTIVITÄTEN & SIGHTSEEING

1 Sich hoch in die Lüfte erheben

Kennst du den Film „Wie Brüder im Wind"? Und möchtest du den Hauptdarsteller einmal kennenlernen? Dann auf zur **Adlerarena der Burg Landskron.** Dort lebt jener Steinadler, der es 2016 im Kino zu einiger Berühmtheit brachte. Die Flugshow, die er und seine Kollegen in der Burg Landskron bieten, ist wirklich beeindruckend. ***Infos:** April/Mai–Okt. 10.30–16/18 Uhr | 13, Kinder 6,50 € | Schlossbergweg 30 | Landskron | Tel. +43 42 42 42 888 | adlerarena.com*

2 Wasser fallen sehen

Eines der imposantesten Bauwerke Österreichs ist die **Kölnbreinsperre** in den Kärntner Alpen. Um hinaufzugelangen, fährst du über die einmalig schöne **Malta Hochalmstraße.** Ein Stopp lohnt am **Fallbachwasserfall,** Kärntens größtem Freifall. Kurvig geht es weiter zum Stausee in 1902 Metern Höhe. ***Infos:** Mai–Ende Okt. 7–18 Uhr | GPS 47.079852, 13.341520 | Tagesmaut 20 € | verbund.com/tourismus. **Parken:** Parkplatz Wasserfall: GPS 46.980990, 13.464700 | Kölnbreinsperre GPS 47.079040, 13.343881*

3 Drumherum und dran vorbei

Radfahren von See zu See – in Etappen kannst du die ganze Region erkunden. Die **Kärntner-Seen-Schleife** (insgesamt 340 km lang), ein gut ausgebauter und beschilderter Radweg, führt in Etappen an zehn Seen und an Flüssen entlang. Die Hälfte der Strecke radelst du direkt am Ufer; zahlreiche Badebuchten verlocken zur Rast. ***Infos:** Die erste Etappe (67 km) startet in Villach, führt um den Ossiacher, vorbei am Afritzer bis zum Millstädter See. Mehr zu allen Abschnitten online: kaernten.at/seenschleife*

4 Paddelnd die Wasserwelt erkunden

Mit dem SUP oder dem Kajak aufs Wasser – ein Riesenspaß. Entsprechendes Equipment gibt es zum Beispiel am **Kajakcenter Faaker See.** Es darf auch mal etwas wilder sein? Dann ab auf die Drau. Am besten mit Führer, denn die kennen jede Stromschnelle und die schönsten Strecken. ***Infos:** Mai–Okt. | am Strandbad Egg Faaker See | Tel. +43 65 04 10 22 71 | kajak-faak.com*

REGENTAG – UND NUN?

5 Fit am Seil in der Kletterhalle Villach

200 Kletterrouten und 80 Boulderplätze bieten genug Abwechslung bei tagelangem Dauerregen. Bouldern, Toprope und Vorstieg? Auf den 2000 Quadratmetern geht in dieser Kletterhalle alles. Es gibt auch Kletterkurse und natürlich Leihequipment in guter Qualität. Wenn deine Muskeln nach genau dieser Aufgabe rufen, dann auf nach Villach. ***Infos:** tgl. Mo/Mi/Fr 15–22, Di/Do 9–22, Sa/So 10–22/20 Uhr | Italiener Straße 54 | Villach | Tel. +43 42 42 51 180 | kletterhallevillach.at*

ESSEN & TRINKEN

6 Stiftsschmiede Ossiach

Im Fischrestaurant des alten Gebäudes direkt am See, in dem schon vor tausend Jahren der Schmied sein Eisen schlug, wird jetzt mit viel Liebe gekocht. Auf den Tisch kommt nur Regionales. ***Infos:*** *Do–Sa 17–24, So ab 11.30 Uhr Brunch | Ossiach 4 | Tel. +43 67 64 01 17 93 | stiftsschmiede.at | €€*

7 Restaurant & Weinbar GALERIA

Serviert werden Mittags- und Abendmenüs. Die Küche punktet nicht so sehr mit teurer Extravaganz, sondern vielmehr mit gekonnt in Szene gesetzter Schlichtheit. Dazu schmeckt der auf Gericht und Gast abstimmte Wein. ***Infos:*** *Mo–Fr 11.30–14, Di–Fr auch 18–22 (Küche bis 21) Uhr | Postgasse 6 | Villach | Tel. +43 66 05 71 80 44 | restaurant-galeria.at | €–€€*

Insider-Tipp
Auch für Ungläubige ein Genuss

Mittags lohnt ein Blick ins wechselnde Menü mit Kleinigkeiten. Bei der Kirchtagssuppe solltest du nicht zögern: So geht Suppe.

8 Peppino

Die Pizzeria Ristorante ist bekannt für krosse, leckere Pizzen in vielen Variationen. Fans von Meeresfrüchten freuen sich über Austern. ***Infos:*** *Mi–Mo 12–23, Küche bis 21.30 Uhr | Seemühlgasse 57 | Millstatt | pizzeria-peppino.at | €–€€*

EINKAUFEN

9 Landskroner Wiesenei

Gemüse, Käse, Eier und Fleisch direkt vom Bauern schmecken doppelt gut. Oder wie wäre frisches Brot mit Kärntner Honig? ***Infos:*** *Mo–Fr 8–12.30 Uhr | Max-Lauritsch-Straße 55 | Villach-Landskron | Tel. +43 42 42 44 442 | wiesenei.at*

SO MUSS CAMPING

Der Seecamping Mentl liegt direkt am Ufer des Ossiacher Sees.

STELL- & CAMPINGPLÄTZE

10 Ab ins Wasser

Professionell und liebevoll geführter Familienbetrieb. Die große Wiese liegt direkt am See und ist in Terrassen angelegt. Vorne am „Strand" gibt es Holzliegen und viel Platz auf der Wiese für Sonnen- und Badehungrige. Wer einen der drei Stellplätze hier direkt am See erwischt, bleibt gerne länger.

Seecamping Mentl

€€–€€€ | Süduferstraße 265/267 | Ossiacher See | Tel. +43 42 42 41 886 | camping-mentl.at | Mitte Mai–Ende Okt. | GPS 46.654257, 13.937157

▶ **Größe:** *180 Plätze, Mietwohnwagen und Bungalows*
▶ **Ausstattung:** *Waschmaschine, Trockner, Tischtennis, Spielplatz, Hunde nur in der NS*

11 Angeln oder einfach nur Fisch essen

Der kleine Afritzer See ist einer der weniger berühmten Seen in Kärnten. Angler fahren mit dem Boot hinaus, Fischesser kaufen sich frischen Fisch am Hof oder lassen ihn sich gleich zubereiten. Die Camperwiese direkt am See ist ordentlich. Parzelliert und mit Strom ausgestattet sind die Plätze am Haupthaus.

Seecamping Fischerhof Glinzer

€–€€ | Seestraße 28 | Afritz am See | Tel. +43 42 47 21 33 | glinzer.at | April–Ende Nov. GPS 46.738853, 13.768383

▶ **Größe:** *90 Stellplätze und große Campingwiese, Bungalows und Apartments*
▶ **Ausstattung:** *Restaurant, Waschmaschine*

12 Direkt am See mit Blick aufs Dorf

Campingplatz am Rand des Weißensees auf einer weitläufigen Wiese mit natürlichen Ebenen. Die Slots sind nicht akkurat vorgegeben, sodass je nach Auslastung Platz für individuelle Stellwünsche bleibt. Von nahezu überall sind die 40 Stromstationen gut zugänglich. Nicht alle Gäste sind immer von der Sauberkeit überzeugt.

Seecamping Müller

€€ | Oberdorf | Weißensee | Tel. +43 66 44 31 30 78 | seecamping-weissensee.at | 1. Mai–2. Okt. GPS 46.719303, 13.263594

▶ **Größe:** *200 Plätze*
▶ **Ausstattung:** *nur Barzahlung, Slip-Anlage, Waschmaschine, Trockner, Hundewiese und Hundedusche*

Klagenfurt am Wörthersee

Am wärmsten Alpensee die Seele baumeln lassen

Kärntens Hauptstadt empfängt dich mit viel Charme und Atmosphäre. Bekannt ist vor allem die Statue des Lindwurms, eines Drachen, den es vor der Stadtgründung zu besiegen galt. Heute bietet die Stadt viel Flair: Es gibt zahlreiche Straßencafés, Brauereien, Ateliers, Theater und Museen. Wie beliebt die Gegend seit Jahrzehnten bei Sommerurlaubern ist, erlebst du, wenn du am Seeufer entlangfährst: Hier steht eine elegante Villa neben der anderen. Die Leute aus der k.u.k.-Zeit hatten wohl das nötige Kleingeld für schöne Ferienhäuser.

P *Parkplatz Geyerschütt | Priesterhausgasse 22 | Klagenfurt | kostenpflichtig | GPS 46.625853, 14.314544*

SCHICK, SCHICK

Schickeria, damals wie heute in Pörtschach am Wörthersee.

AKTIVITÄTEN & SIGHTSEEING

1 Wie Herkules zum Lindwurm kam

Der kleine wasserspeiende Drache am **Hauptplatz** erinnert an die Gründersage der Stadt: Einst machte dieser Lindwurm die Gegend unsicher, er konnte jedoch von mutigen Knechten besiegt werden, die damit ihre Freiheit errangen. Doch was macht Herkules hier? Vermutlich dient er als kraftstrotzender Stellvertreter der mutigen Knechte. ***Infos:*** *Neuer Platz | GPS 46.624112, 14.307957*

2 Eine goldene Gans und viele Arkaden bestaunen

Berühmt ist Klagenfurt für seine achtzig Innenhöfe, die geschmückt mit Arkadenbögen italienisches Flair versprühen. Das **Haus der Goldenen Gans** am Alten Platz ist das älteste dieser Gebäude, und jeder darf sich den Innenhof ansehen. Das gilt auch für das **Rathaus.** Mehr davon? Dann auf in die **Herrengasse:** Hier gibt es den Landhaushof und viele weitere sehenswerte Innenhöfe.

Insider-Tipp

Sightseeing-Radtour

Du willst richtig ins Stadtleben eintauchen? Dann schwing dich aufs Rad und lass dir Carmens persönliches Klagenfurt zeigen. Info: radkultur-delsnig.at

3 Den Pyramidenkogel erklimmen

441 Stufen oder doch lieber mit dem Lift hinauf? Was 1950 mit dem Bau eines 22 Meter hohen Aussichtpunkts begann, wuchs 1968 auf 54 Meter an und ist seit 2013 ganze 100 Meter hoch. Genug vom Rundumblick von den drei Aussichtsplattformen? Dann heißt es: hinabgerutscht! ***Infos:*** *Kernzeit 10–17 Uhr, im Sommer länger und früher | 14, Kinder 6–10, Rutsche 4 € | Linden 62 | Keutschach am See | pyramidenkogel.at*

4 Hauswatchen am Seeufer

Ab 1864 kamen viele Wiener zum See und ließen sich Sommerfrischen (heute würde man dazu Ferienhäuser sagen) mit klangvollen Namen wie Villa Seefried errichten. Wie nobel es hier einst zuging, zeigt auch das **Alte Werzer-Bad.** Hier kannst du heute essen und den Blick auf den See genießen. **Infos:** *Werzer Prome-*

REGENTAG – UND NUN?

5 Sich im EBoard-museum ausprobieren

Auch wenn nicht jeder im weltgrößten Museum für alte elektronische Keyboards und Popmusik beim Anblick der Tasten, Kabel und Drehpotis vor Verzückung juchzt, der Sound der Geräte weckt dann doch bei fast allen Erinnerungen. Es ist das einzige Museum dieser Art, und seit seiner Gründung 1987 kommen stets neue alte Geräte dazu, die, mit viel Liebe restauriert, wieder erklingen. ***Infos:*** *tgl. 14–19 Uhr | 10, Familien 20 € | Florian-Gröger-Straße 20 | Klagenfurt | Tel. +43 69 91 91 44 180 | eboardmuseum.com*

nade 8 | Pörtschach am Wörthersee | badehaus.werzers.at | €€–€€€

ESSEN & TRINKEN

6 Bierhaus zum Augustin

Neben dem selbst gebrauten Augustiner Hausbräu gibt es viele weitere regionale Biersorten. Gegen den Hunger kämpfen erfolgreich die Klassiker Rindsroulade, Almochsengulasch und Schnitzel. Wer fleischlos lebt: Sei unbesorgt, auch du musst hier nicht hungern. ***Infos:*** *Mo–Sa 11–24 Uhr | Pfarrhofgasse 2 | Klagenfurt | Tel. +43 46 35 13 992 | €€–€€€*

7 Kaffeewerkstadt

In diesem kleinen Café gibt es Frühstück (bis 11 Uhr), danach versüßen Kuchen und Snacks den Tag. ***Infos:*** *Di–Fr 7.30–18, Sa 8–16 Uhr | Heuplatz 2 | Klagenfurt | Tel. +43 68 01 44 87 86 | kaffee werkstadt.at | €–€€*

8 triVida

Es muss nicht immer Fleisch sein: Das beweist triVida. Auch mit dem Vorurteil, vegan ist so gesund, wird aufgeräumt. Denkste, lachte der Zucker und verschwand im Lavendel-Zitronen-Küchlein. ***Infos:*** *Mo–Fr 11–14 Uhr | Rosentaler Straße 40 | Klagenfurt | Tel. +43 46 35 04 139 | trividavegan.at | €–€€*

AUSGEHEN

9 Urban Life in der Hafenstadt

Am Lendkanal, jenem historischen, vier Kilometer langen, künstlichen Wasserweg zwischen Wörthersee und Stadt, liegt die Hafenstadt **Urban Area.** Noch ist es ein Entwicklungsprojekt, doch ein Café, Musikevents und gute Cocktails haben schon erfolgreich Einzug gehalten. ***Infos:*** *Mo–Fr 7–24, Sa/So 8–24/22.30 Uhr | Villacher Straße 16–18 | Klagenfurt | hafenstadt.at | €€*

KÄFFCHEN AUF DIE HAND?

Kleiner Energieschub beim Sightseeing.

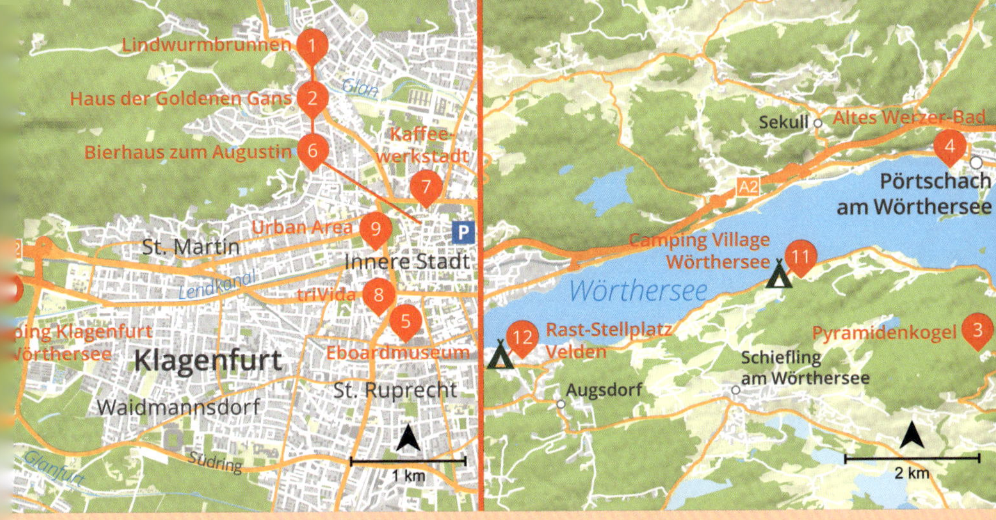

STELL- & CAMPINGPLÄTZE

10 Fast direkt am See

Klar, es stimmt: Fast daneben ist auch vorbei, aber immerhin liegt zumindest das Strandbad direkt vor der Campertür. Der Platz selbst ist groß, grün und sauber. Auch Caravaner finden einen Platz. Willst du in die Stadt, kannst du dir ein E-Bike leihen und am Lendkanal entlang hineinfahren.

Camping Klagenfurt am Wörthersee

€€ | Metnitzstrand 5 | Klagenfurt | Tel. +43 46 32 87 810 | camping-woerthersee.at | Mitte April–Anfang Okt. GPS 46.618573, 14.256675

▶ **Größe:** *4 ha mit knapp 370 Stellplätzen*
▶ **Ausstattung:** *WLAN kostenpflichtig, Waschmaschine, Trockner, Fahrradverleih, Spielplatz, Hundewiese und Badestelle nahebei*

11 Ein Dorf am See

Hier gibt's einfaches Camping auf der Wiese oder den Terrassenstellplätzen (teils mit Seeblick) – und richtig gutes Glamping. Willst du der Beziehung zu deinem Womo mal eine kleine Auszeit gönnen? Dann übernachte in einer der Jurten. Die hauseigene Seeterrasse verleitet zusätzlich, es sich gut gehen zu lassen.

Camping Village Wörthersee 

€€€ | Auenstraße 47A | Schiefling am Wörthersee | Tel. +43 42 74 28 98 | campingvillage.at | April–Ende Okt. GPS 46.621409, 14.106981

▶ **Größe:** *150 Stellplätze, Gästezimmer, Mobile Homes und Apartments*
▶ **Ausstattung:** *Restaurant, Kiosk, Radverleih, Kinderspielplatz, Badestelle für Hunde*

12 Gut & günstig

Auf dem einfachen Stellplatz Velden finden 24 Womos Platz. Wer ein WC im Bus hat, ist klar im Vorteil. Ansonsten heißt es, etwa 500 Meter bis zum nächsten WC laufen. Kein Platz für Gemütlichcamper, aber wirklich praktisch für Pragmatiker. Strom nach Verbrauch. Kann auch als Parkplatz genutzt werden (4 Std. 5 €). Nur Barzahlung.

Rast-Stellplatz Velden

€ | Augsdorfer Str. 17 | Velden | Tel. +43 65 03 04 73 43 | rast-stellplatz.at | ganzjährig GPS 46.607721, 14.050219

MUTPROBE

Wer die Ritter auf der Burg Ehrenberg besuchen möchte, muss sich erst mal über die Highline trauen.

Tiroler Abenteuerland
Von Zell am See durchs Lechtal nach St. Anton am Arlberg

Alpen pur – diese Tour führt dich mitten durch einige der schönsten Bergregionen des Landes. Wintersportler aus der ganzen Welt geben sich hier ein Stelldichein, aber auch im Sommer haben die Berge für Wanderer, Sportler und Genießer gleichermaßen viel zu bieten. Kulturfreunde erfreuen sich an den reichen Traditionen, die sich in den Tälern und auf den Almen erhalten haben. Jede Menge touristische Angebote aller Art versprechen Spaß und Action – die frische Luft und die schönen Ausblicke gibt's umsonst dazu.

Tour E im Überblick

Tour-Highlights

Ob mit dem Fahrrad oder faul im Auto: die *Zillertaler Höhenstraße* führt dich durch eine wundervolle Alpenlandschaft ▶ **S. 133/139**

Unter der Skipiste im Gletscher mit dem Boot unterwegs? Das geht tatsächlich, und zwar im *Natureispalast* am *Hintertuxer Gletscher* ▶ **S. 139**

Den wilden, ursprünglichen *Lech* per Raftingboot zu bezwingen, ist eine Herausforderung der besonderen Art ▶ **S. 143**

Wanderer und Kletterer sollten ab St. Anton am Arlberg unbedingt hoch hinauf zur *Darmstädter Hütte* ▶ **S. 147**

Feine Köstlichkeiten – ob direkt verspeist oder für zu Hause aufgehoben – gibt es bei *Plangger Delikatessen* ▶ **S. 148**

Deutschland
Trostberg
Traunreut
Feldkirchen-Westerham
Bad Endorf
Waginger See
Laufen (Salzach)
Holzkirchen
A 8
Rosenheim
Simssee
Chiemsee
Traunstein
Teisendorf
eretsried
Bad Tölz
Hausham
Bad Feilnbach
Raubling
Siegsdorf
A 8
Tegernsee
A 93
Fischbachau
Bad Reichenhall
Lenggries
Kaisergebirge
Kufstein
Naturpark Karwendel
St. Johann in Tirol
Wörgl
Hopfgarten im Brixental
Schloss Tratzberg
Rattenberg
Kitzbühel
Saalfelden am Steinernen Meer
eizeitpark Tirolland
Schwaz
Das Zillertal
Seite 138
Uttendorfer Erlebnisbadesee
Wattens
16
Mittersill
12
Murmelland – Zillertaler Höhenstraße
Zell am Ziller
Museum Bramberg
Zell am See
Seite 110
Panoramabahn Talstation Kitzbüheler Alpen
Nationalpark Hohe Tauern
Heiligenblut
Matrei in Osttirol
Italia
Winklern
Bruneck Brunico
Lienz
A22
Brixen Bressanone
Sillian
Klausen Chiusa
10 km

E Tourenverlauf

Zell am See
Abwechslungsreiche Tage im Urlaubsparadies ▶ **S. 110**

Optionaler Anschluss: Tour C, Tour D

20 km Du verlässt Zell am See Richtung Süden und fädelst dich nach dem Tunnel Schmitten rechts auf die B168 ein. Vorbei am Flugplatz und dem Gelände des Golfclubs führt die Route geradewegs nach Westen. Im schönen Salzachtal reiht sich ein hübsches Dorf an das nächste: Warum also nicht mal kurz aussteigen?

Uttendorfer Erlebnisbadesee

Kaum zu übersehen: Der Badesee von Uttendorf liegt direkt an der Straße und macht Lust auf eine Abkühlung. Da er neben Liegewiesen auch eine lange Wasserrutsche, ein schwimmendes Trampolin und andere Spaßgeräte anbietet, nutzen ihn Familien mit Kindern als abwechslungsreichen Zwischenstopp.

i im Sommer tgl. 10–18 Uhr | 5, Kinder 3 € | Parken kostenlos | SUP-Ausleihe 5 €/30 Min. | Seeweg | Uttendorf | Tel. +43 65 63 82 08 | uttendorf.com/de/sommer/erlebnisbadesee | keine Hunde

Keltendorf Stoanabichl
Das nahe gelegene, nachgebaute Keltendorf bietet einen interessanten Einblick in die Vergangenheit – eine anschauliche Zeitreise bis zurück ins Jahr 1800 v. Chr.

i Ende Mai–Ende Okt. Do 13–18 Uhr oder nach telefonischer Vereinbarung | 8, Kinder 4 € | Quettensberg | Uttendorf | Tel. +43 66 06 22 99 57 (Ferdinand Cenger) | museumswelten-hohetauern.at/keltendorf-uttendorf

15 km Knappe 10 Fahrminuten weiter endet die B168 an einem Kreisverkehr. Die erste Ausfahrt (B161) führt in einer halben Stunde in den berühmten Wintersportort Kitzbühel. Das sagenhafte Skigebiet ist auch im Sommer eine Reise wert – doch du musst nicht nach Kitzbühel fahren, um es zu erkunden. Nimm die zweite Abfahrt (auf die B165): 7 km weiter liegt die Talstation der **Panoramabahn Kitzbüheler Alpen** zu deiner Linken.

Kitzbüheler Alpen

Bei schönem Wetter ist die Fahrt mit der Seilbahn fast ein Muss: Den traumhaften Panoramablick auf die Kitzbüheler Alpen solltest du dir nicht entgehen lassen. Auch für Wanderfreunde ist dieses gut erschlossene Gebiet im Herzen des **Nationalparks Hohe Tauern** ein Traumziel. Im Sommer kannst du sogar in der Gondel frühstücken!

Panoramabahn Kitzbüheler Alpen | Sommer tgl. 8.45–16.30 Uhr | Berg- und Talfahrt 28, Kinder 9,90, Jugendliche 15,40 € | Gondelfrühstück (nur nach Voranmeldung) plus 15–17 €/Pers. | Grubing 50 | Hollersbach im Pinzgau | Tel. +43 65 62 70 10 | panoramabahn.at

Die im Sommer 2021 eröffnete Aussichtsplattform am Speichersee ist perfekt für ein Instaselfie mit Wow-Panorama | GPS 47.309219, 12.378717

Insider-Tipp
Wenn schon denn schon

Gönn dir ein Ticket bis ganz nach oben: Ein Ticket nur bis zur Mittelstation Breitmoos lohnt nicht wirklich – dort könntest du auch mit dem Auto hinfahren.

HEISSES PFLASTER

Der internationale Jetset liebt die Gamsstadt Kitzbühel.

6 km Ein paar Autominuten weiter, im übernächsten Dorf, wartet in einem alten Bauernhaus ein kleines, liebevoll gepflegtes Museum auf Besucher.

Museum Bramberg

Zahllose Objekte zu Menschen und Kultur der Region wurden hier in den vergangenen Jahrzehnten zusammengetragen. Besonders interessant ist der Ausstellungsschwerpunkt „Smaragde und Kristalle", für den das altehrwürdige Gebäude unterirdisch erweitert wurde. Einfach fantastisch, welche steinernen Geheimnisse sich in den Tiefen der Alpen verbergen!

i *Juni–Sept. tgl. 10–18, Mai u. Okt. Di/Do u. So 10–18 Uhr | 8, Kinder 4, Familien 16 € | Weichseldorf 27 | Bramberg am Wildkogel | Tel. +43 65 66 76 78 | museumbramberg.at*

47 km Die B165 schlängelt sich weiter Richtung Westen und klimmt hinauf bis auf die **Passhöhe Gerlos** *(1531 m, GPS 47.242980, 12.109126)*. Hier endet das Bundesland Salzburg: Willkommen in Tirol! Schaust du nach links, ergeben sich einige schöne Ausblicke auf den Stausee

Speicher Durlassboden, um den ein etwa zehn Kilometer langer Wanderweg herumführt. Viele Reisende nutzen die Gelegenheit, unterhalb der Staumauer zu parken und hier ein bisschen spazierenzugehen *(kostenloser Parkplatz bei GPS 47.238548, 12.082685)*. Eine halbe Stunde führt die Fahrt nun noch durch die schöne Berglandschaft, ehe du in Zell am Ziller eines der bekanntesten touristischen Täler des Landes erreichst.

Spot 16

Das Zillertal

Im Herzen der Alpen ▶ **S. 138**

27 km Um vom Zillertal aus dein nächstes Ziel anzusteuern, könntest du einfach über B169 nach Norden brausen. Viel schöner ist es jedoch, einen Schlenker durch die Berge zu machen.

Murmelland – Zillertaler Höhenstraße

Die mautpflichtige Straße *(Mautgebühr für PKW 8, für Kleinbusse 17 €, zillertaler-hoehenstrasse.com)* führt dich in vielen Kurven und Windungen durch eine wunderschöne Alpenlandschaft. Die Ausblicke ins Zillertal sind einfach grandios, aber „Keep your eyes on the road" – allzuschnell hüpft dein Auto sonst von der schmalen, kurvigen Straße. Rast machen kannst du an mehreren Gasthöfen und am **Murmelland** *(Neuhütten 1 | Kaltenbach | Mi–Mo 9.30–17.30 Uhr | kein Eintritt | murmelland-zillertal.at)*; mit Murmeltiergehege, Streichelzoo und Abenteuerspielplatz genau das Richtige für Familien. Zudem gibt's hier oben viele Wanderwege – du kannst also locker einen ganzen Tag in dieser schönen Gegend verbringen.

Du magst Fleisch? Dann probier unbedingt die Wildspezialitäten aus eigener Zucht in der Kaltenbacher Hütte beim Murmelland.

30 km Nach diesem Abstecher in die Berge führt die Route nun Ziller-abwärts auf der B169 bis ins Inntal. Kurz vor der Brücke über den Fluss kannst du rechts die Auffahrt zur B171 nutzen, um dann direkt links Richtung Schwaz abzubiegen. Nach 800 Metern geht es rechts ab auf die Achenseestraße; hinter der Brücke und den zwei Kreisverkehren links auf die Schießstandstraße. Noch zwei weitere Male abbiegen in Am Gießen und in die Tratzbergstraße – dann liegt ein weißes Märchenschloss vor dir.

Schloss Tratzberg

Das Renaissanceschloss ist aufwendig renoviert und eine wahre Schatzkammer für Mittelalterfans. Prunkvolle Säle mit beeindruckenden Wandmalereien, geschnitzte Decken, antike Möbel, eine Kammer voller Rüstungen und Waffen … Das alles erschließt sich einem richtig gut in Kombination mit einem Audioguide. Währenddessen können die Kids per VR-Brille in die Vergangenheit reisen.

i *Sommer tgl. 10–16 Uhr | Besichtigungen (nur im Rahmen von Führungen) 13,50, Kinder bis 12 J. 8, Jugendliche 9 € | VR-Aufpreis 4 € | Online-Reservierung empfohlen (mind. 24 Std. vorher) | Tratzberg 1 | Jenbach | Tel. +43 52 42 63 566 | schloss-tratzberg.at*

33 km Zurück auf der Hauptstraße am Inn geht es weiter; vorbei am **Freizeitpark TirolLand** – unübersehbar mit seinen Dinosaurierfiguren und dem kopfstehenden Haus *(Stublerfeld 1 | Terfens/Vomperbach | tirolland.com)* –, und schon bald ist **Innsbruck** (▶ S. 160) in Sicht.

Optionaler Anschluss: Tour F

70 km Von Innsbruck aus folgst du der B171 bis nach Telfs. Das dauert zwar etwa 10 Minuten länger, ist aber deutlich schöner zu fahren als auf der parallel verlaufenden A12. Dort hältst du dich rechts, um auf die B189 (E532) zu gelangen. Nach einer Viertelstunde liegt links die **Burg Klamm;** wie gemalt, aber in Privatbesitz und leider nicht zu besichtigen. Eine Viertelstunde weiter, bei Nassereith, fährst du geradeaus, um auf der E532 zu bleiben. Die Straße windet sich nun nach Norden, vorbei am Fernsteinsee mit der Ruine Sigmundsburg bis zum Fernpass mit den kurz dahinter gelegenen Seen.

Seen am Fernpass

In der waldigen Landschaft rund um die drei kleinen Gewässer **Blindsee, Weißensee** und **Mittersee** gibt es einige schöne Wanderwege. Der Blindsee hat sogar einen „Strand" – ein steiniges Ufer, das ein prima

Platz für ein Picknick ist. Nichts dabei und trotzdem hungrig? Im **Restaurant Zugspitzblick** wird dir geholfen. Der Name ist übrigens Programm; zumindest bei gutem Wetter eröffnet sich ein super Ausblick auf Deutschlands berühmtesten Berg von der Panoramaterrasse aus.

i *Restaurant Zugspitzblick | Do–Di 8–18 Uhr | Biberwier 152 | Biberwier | Tel. +43 56 73 22 56 52 10 | segnal.at/restaurants/zugspitzblick*

26 km Um den nächsten Berg führt kein Weg drumherum, also ab durch den Tunnel und dann weiter auf der B179. Die Straße windet sich talwärts; links liegen die **Burgruine Ehrenberg** und die dramatische Hängebrücke **Highline 179** (▶ S. 143). Kurz darauf erreichst du in Reutte das Lechtal.

Spot 17 **Das Lechtal**
Idylle am wilden Fluss ▶ **S. 142**

MAGISCH

Lautlos gleitet dein Kajak über die grünen Wasser des Blindsees.

HUIIIIII!

Mordsgaudi auf der Sommerrodelbahn.

37 km Die Fahrt durch das Lechtal ist ein landschaftlicher Leckerbissen. Ständig könnte man anhalten und einfach in die Natur marschieren ... warum nicht?! Ein kleiner Spaziergang beginnt an der Kirche in **Häselgehr;** bis zum **Doserwasserfall** ist es nur ein Viertelstündchen zu Fuß *(GPS 47.315575, 10.493697; zunächst die Abzweigung nach Luxnach nehmen, dann direkt links dem beschilderten Wirtschaftsweg folgen)*. Wenn du dich entscheidest, etwas länger zu bleiben, dann lenke dein Womo zum **Camping Rudi.** Der kleine, ganzjährig geöffnete Platz ohne viel Schnickschnack, aber mit neuen, sauberen Sanitäranlagen befindet sich direkt am Lech *(Luxnach 122 | Häselgehr | Tel. +43 56 34 64 25 | lechtal-camping-rudi.at | nur Barzahlung)*.

Sommerrodelbahn Wally-Blitz

Wem spazierengehen zu langweilig ist, kann so richtig Action an der Sommerrodelbahn Wally Blitz erleben. Die steilste Bahn der Alpen ist über anderthalb Kilometer lang und führt dabei 230 Meter in die Tiefe – an der steilsten Stelle beträgt das Gefälle 75 Prozent. Die Steilkurve und Sprünge haben es in sich, aber warte ab, bis du an die berüchtigte „Scheißhauskurve“ kommst ...

Knittel Tirol | 26. Mai–10. Juli u. 15. Sept.–9. Okt. Do–So, 11. Juli–11. Sept. tgl. 10–17.15 Uhr | 9, Jugendliche 8, Kinder 6 € | Untergiblen 15 | Elbigenalp | Tel. +43 56 34 62 40 | knitteltirol.at/home-sommer.html

38 km Einen Stopp wert ist auch das Örtchen **Holzgau** mit seiner Hängebrücke unweit der Straße (▶ S. 143); nichts für Leute mit Höhenangst und ganz schön wackelig, aber keine Sorge, die hält. 20 Fahrminuten weiter ist **Warth** erreicht. Wer noch eine Wanderung unternehmen möchte, ehe er die nächste Passhöhe erklimmt, kann sich zum Haldenwanger Eck aufmachen, dem südlichsten Punkt Deutschlands *(GPS 47.272632, 10.178192)*. Für den Hin- und Rückweg sollte man sechs Stunden einplanen. Zu lang? Dann einfach weiterfahren; kurz hinter der Feuerwehr von Warth biegt die B198 scharf nach Süden ab. Weiter geht's durch die Berge nach **Lech am Arlberg** ins Quellgebiet des Flusses. Schließlich ist der Flexenpass erreicht.

Wasserscheide am Flexenpass

Zwischen eindrucksvollen Bergen liegt hier ein besonderer Ort: die europäische Nord-Süd-Wasserscheide. Das bedeutet: Alles Wasser, das nördlich von diesem Punkt durch die Alpen strömt, fließt in den Rhein und dort weiter bis in die Nordsee; alles, was südlich davon fließt, in die Donau und später ins Schwarze Meer.

Europäische Wasserscheide Nordsee-Schwarzes Meer | Lechtal Straße 667 | Lech | GPS 47.157741, 10.164634

14 km Oberhalb von Stuben stößt die B198 auf die B197; hier nimmst du die Abzweigung nach links Richtung Arlbergpass. Auch dieser muss noch überquert werden, ehe sich die Straße den Berg hinunterwindet und du das letzte Ziel dieser Tour erreichst.

St. Anton am Arlberg
Sommerliches Outdoor-Highlight ▶ **S. 146**

Optionaler Anschluss: Tour F

Das Zillertal
Im Herzen der Alpen

Das sonnige Zillertal, umgeben von imposanten Dreitausendern, kennt eigentlich jeder – zumindest dem Namen nach. Seit vielen Jahrzehnten verbringen viele hier ihren Urlaub, dementsprechend gut erschlossen ist das Tal. Im Winter sind die meisten Gäste Skifahrer, im Sommer wird gewandert oder Mountainbike gefahren, und auf den Wiesen kann man die schönen Almrosen bewundern. Den Namen verdankt das Tal übrigens dem Ziller, der auf 2270 Metern Höhe in der Gemeinde Brandberg entspringt und am Ende des Tals in den Inn mündet. Und auch das Wasser gehört daher zum Abenteuerland Zillertal – Spaß ist hier garantiert.

BEST VIEW

Ausblicke der besonderen Art ergeben sich auf dem Klettersteig Zillertal.

AKTIVITÄTEN & SIGHTSEEING

1 Ein Skigebiet im Sommer besuchen

Das Skigebiet wird im Sommer zur **Zillertal Arena.** Dann heißt es wandern und mountainbiken, schwimmend oder auf dem SUP den Fichtensee erkunden oder mit dem Arena Coaster den Adrenalinspiegel hochtreiben. ***Infos:*** *Ende Mai–Anfang Okt. 9–17 Uhr | Bergfahrt mit der Rosenalmbahn ab 9,80, Kinder ab 4,90, Berg- und Talfahrt ab 14,70/7,40 €, Fahrräder kostenlos | Arena Coaster 5,80/3,90 € | Rohr 23 | Zell am Ziller | zillertalarena.com |*

2 Sportliche Abenteuer erleben

Das Zillertal vom Wasser aus erleben: auf ins Canyoning- und Raftingabenteuer. Wenn die Wasserperspektive als Blickwinkel nicht reicht: Aus der Luft beim Paragliden oder kletternd vom Fels sieht die Landschaft noch mal anders aus. Das alles bietet der **Actionclub Zillertal.** ***Infos:*** *tgl. 9–18 Uhr | Hauptstraße 458 | Mayrhofen | Tel. +43 66 44 41 30 74 | actionclub-zillertal.at*

Insider-Tipp
Radfahrer allein unterwegs

Radfahrerglück gibt es auf der Zillertaler Höhenstraße. Am besten eignet sich die Auffahrt ab Ried, denn die nimmt kaum ein Autofahrer.

3 Mit Kohldampf durchs Tal

Es rumpelt und ruckelt, es riecht nach Kohle, rhythmisch zischen die Zylinder – draußen zieht langsam die Landschaft vorbei. Mit der alten **Zillertaler Dampfbahn** geht's zwischen Jenbach und Mayrhofen auf Zeitreise. ***Infos:*** *Mai–Anfang Okt. | Fahrtdauer 1,5 Std. | ab 14, Kinder 6–15 J. 7 € | Abfahrt Bahnhof Jenbach | zillertalbahn.at*

4 Gletscher von innen bestaunen

Wie wäre eine Bootsfahrt im Hintertuxer Gletscher 30 Meter unter der Skipiste auf einem unterirdischen Gletschersee? Kalt wird es im **Natureispalast** – es herrschen ganzjährig konstant 0 °C. Mutige stellen sich aufs kippsichere SUP, noch Waghalsigere gehen Eisklettern, und wem das noch nicht reicht, der schwimmt. ***Infos:*** *tgl. 10–14.30 Uhr | 26, Kinder 6–11 J.*

REGENTAG – UND NUN?

5 Wo Heumilch zu Käse wird

Wie entsteht Jogurt und was wird sonst noch alles aus Milch gemacht? Was macht eine nachhaltige Landwirtschaft aus? Nach dem Besuch in der **Erlebnissennerei Zillertal** weißt du mehr – vormittags gibt es am meisten zu sehen! Wenn du nun richtig Hunger bekommen hast, kannst du dich im Hofladen eindecken. ***Infos:*** *20. Dez–Ende Okt. Mo–Sa 9–17 Uhr, im Sommer auch So | ab 12,50, Kinder 7–14 J. 6,50, mit Käseverkostung Juni–Okt. 19,90/ 13,90 € | Hollenzen 116 | Mayrhofen | erlebnissennerei-zillertal.at*

13 €, Basistour ohne Voranmeldung, Eisschwimmen und SUP nach Absprache über info@natursport.at oder WhatsApp +43 67 63 07 00 00 | Treffpunkt: Natureispalast Container Bergstation Gletscherbus 3 | natureispalast.info/de ***Parken:*** *GPS 47.110094, 11.678101 Talstation. Hinauf geht es dann mit den Gletscherbussen (Seilbahnen) 1, 2 und 3*

ESSEN & TRINKEN

6 Schulhaus

Gehobene Küche im Genießergasthaus. Guter Service, toller Ausblick, traditionell und gemütlich. Frische Zutaten, soweit möglich aus der Region. ***Infos:*** *Do–So ab 17.30 Uhr | Zellberg 162 | Zellberg | Tel. +43 52 82 33 76 | Facebook: schulhaus.zellberg | €€€*

7 Restaurant Liebstöckl

Im modernen Ambiente gibt es Gutes aus der Kräuterküche. Lust auf Wildkräuterrisotto, Lavendelhähnchen oder Kräuterknödel mit Liebstöckl? Wer es traditioneller mag, bekommt auch Wiener Schnitzel. ***Infos:*** *Mi–Sa 17–22 u. So 12–22 Uhr | Dorfstraße 16a | Kaltenbach | Tel. +43 52 83 24 20 33 | liebstoeckl.eu | €€*

8 Goldkind

Brunch, Lunch oder Dinner: Das Goldkind überzeugt zu jeder Tageszeit. Gut gekocht, schön angerichtet und serviert in ansprechend moderner Atmosphäre. Veganer-Herzen schlagen höher, denn hier gibt es auch gute fleischlose Gerichte. ***Infos:*** *tgl. 10–22 Uhr, Im Winter Mo u. Di geschlossen | Hauptstraße 449 | Mayrhofen | Tel. +43 66 44 52 90 90 | Facebook: dasgoldkind.at | €–€€*

EINKAUFEN

9 Edelbrände Innerummerland

Feine Liköre und reine Schnäpse werden auf diesem Hof seit Generatio-

APRÈS-WANDERN

Die Muskeln erst mal entspannen im Außenpool des Natürlich Hell Camping.

nen gebrannt. Besonders stolz ist die Familie auf ihre Spezialität, den Meisterwurz. Wenn du magst, kannst du dir die Schnapsbrennerei ansehen. ***Infos:*** *Schwendberg 272 | Hippach | Tel. +43 52 82 50 949 | ummerland.at*

STELL- & CAMPINGPLÄTZE

10 Camping auf hohem Niveau

Gepflegte Anlage mit ansprechend großen, sonnigen oder schattigen Stellplätzen. Es gibt eine Sauna, ein Hallenbad und einen Außenpool. Die Bäder sind hochwertig ausgestattet und sauber. Kinder freuen sich über den Spielbereich mit Kletterwand und den Fußballplatz. Zahlreiche Camper verbringen hier ihren gesamten Urlaub – und viele kommen (immer) wieder.

Natürlich Hell Camping & Aparthotel

€€ | Gageringerstraße 1 | Fügen | Tel. +43 52 88 62 203 | hell-tirol.at | ganzjährig GPS 47.359842, 11.852423

▶ **Größe:** *190 Plätze (davon 30 Dauercamper), Apartments und Gartenlodges*

▶ **Ausstattung:** *Mietbäder, Hallenbad, Saunalandschaft (10 €), Pool (Mai–Sept.), Fitnessraum (5 €), Restaurant, Wasser- und Gasanschlüsse am Platz, Waschmaschine, Trockner, Aufenthaltsräume, Vermietung von E-Autos, Hundedusche*

11 Luxuscamp mit Freizeitanlage

Das große Camp direkt am Wald ist eine perfekt inszenierte Freizeitoase. Wäre die Natur drumherum nicht so schön, viele würden wohl einfach hierbleiben. Hallenbäder, Wasserrutsche, Boulder- und Kletterhalle, Animationsprogramme, Trampolin, Badesee, Kinderspielplatz und Kinderkino, Ponyreiten … Alles direkt vor Ort, und wie das Angebot ahnen lässt: vor allem bei Familien beliebt.

Camping Aufenfeld

€€€ | Aufenfeldweg 10 | Aufenfeld | Tel. +43 52 82 29 16 | we-love-zillertal.com/camping-aufenfeld | Dez.–Anfang Nov. GPS 47.263345, 11.900156

▶ **Größe:** *380 Plätze (davon 150 mit Wasser-, Kanal- und Gasanschluss und 40 Luxusplätze mit separatem Badezimmer am Platz), Apartments und Bungalows*

▶ **Ausstattung:** *Waschmaschine, Trockner, Hallenbad, Kinderwaschbad, Cafés und Restaurants, Freizeitpark mit Badesee*

Das Lechtal
Idylle am wilden Fluss

Das breite Flusstal zwischen den Lechtaler und den Allgäuer Alpen ist eines der wenigen, in dem ein Fluss noch wild seinen eigenen Weg finden darf: und das tut der Lech mal wild, mal gemächlich fließend. Umgeben von Bergen lockt eine sanfte Hügellandschaft auf die zahlreichen Fahrrad- und Wanderwege in die Natur. Gleich mehrere Hängebrücken laden zur Überwindung des inneren Schweinehundes und wer schnitzen lernen will, findet hier die passenden Lehrmeister. Auch kulturelle Einblicke gibt es hier: Wer Ritter spielen möchte, ist genau richtig.

GUT FESTHALTEN!

Rafting auf dem Lech – ein Erlebnis der besonderen Art.

AKTIVITÄTEN & SIGHTSEEING

1 Den ungezähmten Lech erkunden

Das schönste Teilstück des letzten Wildflusses im nördlichen Alpenraum findest du auf der Strecke zwischen Weißenbach und Elmen. Nimm dir Zeit für eine individuelle Führung durch die Nationalparkexperten des **Naturparkhauses Klimmbrücke.** ***Infos:*** *Mai–Ende Sept. 10–16 Uhr | GPS 47.335690, 10.535245 | Tel. +43 66 44 16 84 66 | naturpark-tiroler-lech.at*

Insider-Tipp
Blick von oben

Ganz nah an Forchach führt eine 1906 erbaute Hängebrücke mit einer Spannweite von 75 Metern über den Lech.

2 Den Rittern in der Burgenwelt auf die Schliche kommen

Die **Burgenwelt Ehrenberg** umfasst u. a. die **Burgruine Ehrenberg** und die **Festung Schlosskopf.** Lohnend sind das **Erlebnismuseum** „Dem Ritter auf der Spur" und die **Ausstellung** „Der letzte Wilde". Auch die über 400 Meter lange Hängebrücke **Highline 179** ist beliebt. ***Infos:*** *Tickets Mai–Nov. 9–18, Dez.–April 10–16 Uhr | die Museen 10–18, im Winter 10–17 Uhr, letzter Einlass eine Std. vorher für 5,50–8, Kinder 4–14 J. 3–4,20 € | Hängebrücke 8–22 Uhr für 8, Kinder 5 € | Hin- und Rückfahrt mit dem Ehrenberg Liner 8.30–22 Uhr für 7 € | Kombitickets am Ticketschalter (nicht am Automaten) günstiger | Klause 1 | Reutte | ehrenberg.at* ***Parken:*** *Parkplatz 1, GPS 47.465860, 10.720722*

3 Schnitz dir was

Das Dorf Elbigenalp ist für seine Schnitztradition bekannt. An der Fachhochschule lernen Schüler:innen aus ganz Österreich, und in der **Schnitz- und Bildhauerschule Geisler Moroder** kannst du in zahlreichen Kursen lernen, wie es geht. ***Infos:*** *Dorf 63 | Elbigenalp | Tel. +43 56 34 62 15 | schnitzschule.com* ***Anfahrt:*** *34 km von Reutte über die B198 in etwa 30 Min.*

4 Die Perle des Lechtals entdecken

Im kleinen **Holzgau** fallen direkt die reich verzierten Fassaden ins Auge. Bekannt ist das Dorf auch für seine 200 Meter lange Hängebrücke, die sich auf 110 Metern über die Höhenbachtalschlucht

REGENTAG – UND NUN?

5 Wasser marsch!

Lust auf Indoornass? Dann auf in die **Alpentherme Ehrenberg.** Lieber raus in die Natur? Beim **Raften** wird sowieso jeder nass – was spricht also gegen ein Regenrafting? Der Vorteil: Der Lech ist dann (noch) etwas wilder, da steigt der Spaßfaktor. ***Infos:*** *Alpentherme Ehrenberg: tgl. 10–21 Uhr | Tageskarte 15, Kinder 3–16 J. 10,50 € | Thermenstraße 10 | Reutte | alpentherme-ehrenberg.at; Fun Rafting: Ebele 209 | Häselgehr | fun-rafting.at* ***Anfahrt:*** *30 km über die B198 zur Ablegestelle der Raftingboote*

spannt. Aktive nutzen sie spätestens, wenn sie vom Erlebnisklettersteig Simmswasserfall zurückkehren. ***Parken:*** *GPS 47.259117, 10.344753 | 6–22 Uhr, kostenpflichtig 10 € Van/Tag* ***Infos:*** *Hängebrücke GPS 47.266021, 10.342077 | Klettersteig GPS 47.273344, 10.344030 | Mitte Mai–Anfang Okt. | kostenlos | lechtal.at* ***Anfahrt:*** *etwa 43 km von Reutte über die B198 in 40 Min.*

ESSEN & TRINKEN

6 Zur Geierwally

Rustikal, urig, deftig, authentisch: Wie wäre es mit einer guten Portion Schlutzkrapfen, Tries, Jägernudeln, Tiroler Knödel mit Sauerkraut oder Kasspätzle? ***Infos:*** *Mo/Di, Do–Sa 17–23 Uhr | Elbigenalp 40 | Elbigenalp | Tel. +43 56 34 64 05 | zur-geierwally.at*

Insider-Tipp

Lecker lehrreich

Jeden Montag können 15 Personen dabei sein, wenn der Chef am offenen Herd kocht. Man muss unbedingt reservieren.

7 Joyce

Modernes Restaurant mit frischer Küche und einem Hauch Asien. Milde und scharfe Currys, gute Salate, selbst gemachte Pasta und gesunde Bowls. Der Hauswein gibt dazu die österreichische Note. ***Infos:*** *Mo–Fr 11–14.30 u. 17.30–21 Uhr | Untermarkt 29 | Reutte | Tel. +43 56 72 21 099 | joyce-reutte.at | €*

8 Café Uta

Die beliebte Almhütte liegt nahe dem Simmswasserfall am Bach und lockt im Sommer zur Jause: mit Schinkenplatten, Kaiserschmarren, Gulasch und mehr. ***In-***

DIREKTANSCHLUSS

Den hast du vom Lechtal Camping Vorderhornbach an den Lechradweg.

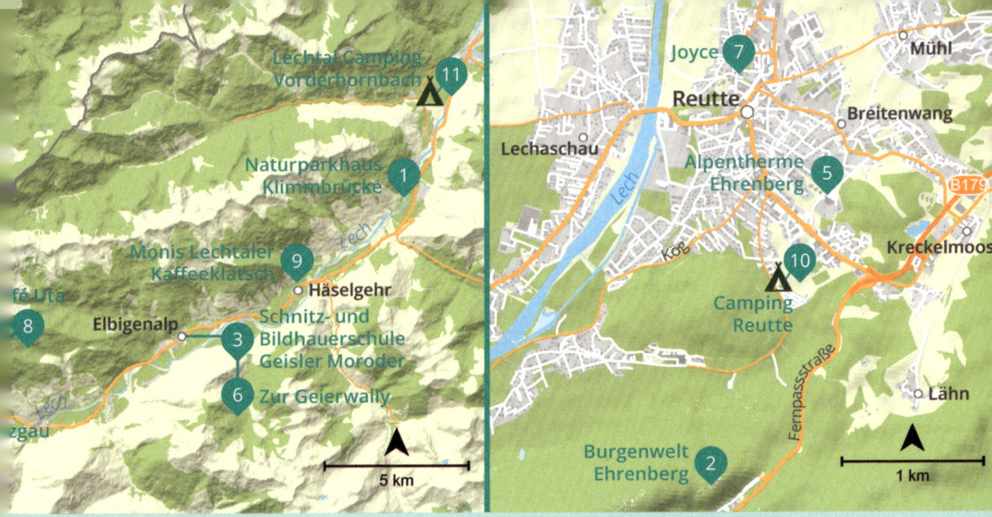

fos: *tgl. Mitte Mai–Okt. 11–17 Uhr | Höhenbachtal | Holzgau | Tel. +43 66 41 15 42 45 | cafe-uta.at | GPS 47.273550, 10.339819 | €–€€*

9 Monis Lechtaler Kaffeeklatsch

Omas Kuchen? Dazu ein guter Kaffee oder eine heiße Schokolade mit viel Sahne. Von 9 bis 11 Uhr gibt's leckeres Frühstück, danach frisch gebackenen Kuchen. Wer gerne etwas mitnehmen will, der kann sich im Shop mit Honig, Marmelade, Kräutern, Käse oder anderen regionalen Köstlichkeiten eindecken. ***Infos:*** *Di–Fr 9–17 Uhr | Häselgehr 160 | Häselgehr | lechtalerkaffeeklatsch.com | €–€€*

STELL- & CAMPINGPLÄTZE

10 Den Burgen so nah

Nur zwei Kilometer Fußmarsch von der Burgenwelt entfernt liegt dieser einfache Platz. Die Bäder sind sauber, die Betreiber freundlich und die Lage zentral. Der Wiesenplatz ist eben, es gibt viel Sonne, aber nur wenig Schatten. Snacks holt man sich am Kiosk, ein paar Läden liegen fußläufig entfernt.

Camping Reutte

€ | Ehrenbergstraße 53 | Reutte | Tel. +43 67 63 50 88 60 | camping-reutte.com | ganzjährig GPS 47.478101, 10.723193

- **Größe:** ***2,2 ha mit 170 parzellierten Stellplätzen***
- **Ausstattung:** ***Waschmaschine, Trockner, WLAN nicht überall möglich, Kiosk, max. 2 Hunde erlaubt***

11 Erlebnisbad mit Campinglust

Inmitten der Wiesen und umgeben von Bergen liegt dieser angenehme Platz mit Naturschwimmbad (Mai–Ende Sept. 9–19 Uhr). Hunde sind in der Hauptsaison nicht erlaubt (Juni–Mitte Sept.), und es gibt nur wenig Schatten. Sehr beliebt bei allen, die es familiär mögen.

Lechtal Camping Vorderhornbach

€€ | Vorderhornbach 113 | Vorderhornbach | Tel. +43 67 64 30 84 80 | camping-vorderhornbach.at | 19. Mai–Anfang Nov. und 20. Dez–Ende Jan. GPS 47.367352, 10.544072

- **Größe:** ***40 Stellplätze, Bauwagen (Schlafsack nötig) und Almhütte zur Miete***
- **Ausstattung:** ***Waschmaschine und Trockner, Schwimmbad, Fahrradverleih***

St. Anton am Arlberg
Sommerliches Outdoor-Highlight

Skifahrer kennen die Region seit über 100 Jahren und vermehrt spricht sich nun bei Wanderern, Kletterfreaks und Mountainbikern herum, dass es hier auch im Sommer herrlich ist. Über 300 Kilometer führen markierte Wanderwerge durch die Berge; das Streckennetz für Mountainbiker ist noch mal 50 Kilometer länger. Und sogar für richtige, gut kletternde Alpinkenner gibt es mit dem Arlberger Klettersteig eine Abenteuertour der Extremklasse.

P *Arlbergpass | GPS 47.130565, 10.209911 u. 47.127740, 10.213504;* Rendlbahn in St. Anton am Arlberg | *GPS 47.126350, 10.262973*

TOPTRAILS

Bike-Urlaub am Arlberg in atemberaubender Umgebung lässt das Sportlerherz höherschlagen.

AKTIVITÄTEN & SIGHTSEEING

1 Zu Fuß zum Fuß der Kuchenspitze wandern

Knapp vier Stunden wanderst du von der Talstation der Rendlbahn zur 2384 Meter hoch gelegenen **Darmstädter Hütte.** Idyllisch liegt sie umgeben von Wiesen inmitten der Berge. Hüttenwirt Andreas Weiskopf ist hier mit Herzblut und Können vor Ort – inklusive einer super Küche. Kletterfans bleiben über Nacht und erfreuen sich an den 69 nahegelegenen Kletterrouten. ***Infos:*** *Ende Juni–Ende Sept. | GPS 47.053295, 10.246660 | alpenverein-darmstadt.de/huetten/darmstaedterhuette*

Insider-Tipp

Mit dem Rad geht's schneller

Du willst lieber mit dem Rad hinauf? Das dauert nur zwei bis drei Stunden. Mit dem E-Bike geht's noch etwas schneller. Info: Radverleih Intersport Arlberg | Juni–Anfang Okt. tgl. 9–18 Uhr, in der NS kürzer | Dorfstraße 1 | St. Anton am Arlberg | intersport-arlberg.com

2 Auf Edelweiß fliegen

Wusstest du, dass Edelweiß von Fliegen bestäubt wird? Bienen fliegen in den Höhen, in denen das edle Weiß blüht, nämlich gar nicht mehr. Auf dem kurzweiligen **Wunderwanderweg der Sennhütte** erfährst du viel Wissenswertes rund ums blumig-krautige Bunt der Berge. ***Infos:*** *tgl. 10–18 Uhr | Dengert 503 | St. Anton am Arlberg | Tel. +43 54 46 20 48 | sennsationell.at*

3 Verweil mal im Verwall

Mountainbiker, Wanderer und Familien zieht es ins autofreie Verwalltal. Durch Wälder und Wiesen, am Ufer kleiner Bäche und über eine Drahtseilbrücke geht es zum **Verwallsee.** Adrenalinfans stoppen am **Hochseilgarten** oder auf dem **EldoRA-Do-Trail.** ***Parken:*** *Verwallweg 7 | St. Anton am Arlberg | GPS 47.123311, 10.248120 | vom Parkplatz dauert ein Spaziergang bis zum See 45 Min. (3,5 km)*

4 Auf zu den Alpenrosen

Im Juni und Juli blühen die Rosen in den Alpen – besonders viele siehst du auf dem **Alpenrosenweg.** Die 2,5-stündige Tour startet an der **Rendlbahn-Bergstation** und endet an der Talstation. Wenn keine Bergbahn fährt, heißt es, beide

REGENTAG – UND NUN?

5 Powertag im arl.park

Hier kannst du dich indoor auspowern. Im **arl.park** wartetet eine große Kletter- und Boulderhalle. Du kannst Squash und Tennis spielen oder beim Bowling eine eher ruhigere Kugel schieben. Und wenn du mehr Action suchst, dann trainiere deine Sprungkraft auf einem der 14 professionellen Trampolins oder spring vom Freefalltower. ***Infos:*** *Mo–Fr 15–21, Sa/So 13–21 Uhr (Trampolin außer Sa nur bis 19 Uhr) | ab 20 € | Bahnhofstraße 1 | St. Anton am Arlberg | Tel. +43 66 09 98 80 66 | arlpark.at*

Strecken laufen. ***Infos:*** *10,3 km, Aufstieg 80, Abstieg 800 Höhenmeter | Bergbahn Di/Mi 8.15–16.10 Uhr* ***Parken:*** *GPS 47.126383, 10.262997*

ESSEN & TRINKEN

6 Al fuego food on fire

Der Grill stammt aus Barcelona und wird mit Holzkohle beheizt. Nach Holzkohlegrill schmeckt es nicht, doch das Fleisch ist perfekt zubereitet. ***Infos:*** *Do–Di 17–24 Uhr | Arlbergstraße 61 | St. Anton am Arlberg | Tel. +43 54 46 30 390 | andinohotel.at | €€€*

7 Endlich ...

Leckere Küche in Wohnzimmeratmosphäre. Annette und Ronnie betreiben das kleine Lokal und den angeschlossenem Feinkostladen mit viel Herzblut. Besonders beliebt sind die mehrgängigen Menüs. ***Infos:*** *Di–Sa 18.30–23 Uhr | Dorfstaße 61 | St. Anton am Arlberg | Tel. +43 54 46 42 538 | endlich-arlberg.at | €€*

8 Skiing Buddha

Leckere Thaiküche, und für alle, die es weniger asiatisch mögen, gibt es Pizza und Pasta. Vegetarier erfreuen sich an Pad Thai und Frühlingsrollen. ***Infos:*** *tgl. 17–22 Uhr | Bahnhofstraße 1 | St. Anton am Arlberg | Tel. +43 54 46 26 252 | skiingbuddha.at | €*

EINKAUFEN

9 Plangger Delikatessen St. Anton

Das Delikatessengeschäft bietet eine große Auswahl feiner Kleinigkeiten: Wein, Brot, Käse, Schinken oder eingelegte Oliven. Du kannst hier auch einkehren und vor Ort probieren. ***Infos:*** *Mo–Sa 12–20 Uhr | Dorfstraße 32 | St. Anton am Arlberg | plangger.net | €€*

VERSCHLAFEN

Keine Sorge – es gibt einen mega Frühstücksservice im ArlBerglife Camping.

STELL- & CAMPINGPLÄTZE

10 Idylle im Klostertal

Der kleine familiengeführte Platz eignet sich perfekt für Wanderfans. Dank der hilfsbereiten Besitzer gibt es viele Ausflusgstipps. Die sanitären Anlagen sind gut gepflegt. Die meisten Plätze sind einfach, einige verfügen über (Ab-) Wasseranschluss und Gas.

Alpencamping Klösterle 

€–€€ | Klösterle 41c | Klösterle | Tel. +43 55 82 269 | alpencamping-kloesterle.at
GPS 47.131530, 10.097871

▶ **Größe:** *60 Stellplätze, davon 30 ganz eben für größere Wohnmobile*
▶ **Ausstattung:** *Kochstelle, Waschmaschine, Trockner, WLAN kostet extra*

11 Klein und fein mit Frühstücksbuffet

Die Stellplätze sind teils parzelliert, teils frei wählbar. Wer möchte, kann sich nicht nur Brötchen liefern lassen, sondern sich auf das morgendliche Buffet freuen. Die modernen sanitären Anlagen (mit Fön) sind gut gepflegt. Nur Barzahlung. Reservierung erst ab vier Nächten.

ArlBerglife Camping

€€ | Pettneu 58c | Pettneu am Arlberg | Tel. +43 66 41 63 03 93 | arlberglifecamping.com | Ende Mai–Ende Sept. u. Anfang Jan.–Ende April
GPS 47.157179, 10.369514

▶ **Größe:** *40 Plätze auf 1 ha, 9 Apartments und Lodges*
▶ **Ausstattung:** *Kochstelle, Waschmaschine, Trocknerz*

12 Wellness mit Bergkulisse

Liebevoll betreuter Platz am Landhaus der Familie Walch knapp 30 Kilometer westlich von St. Anton. Die Stimmung ist gut und der Service auch. Die sanitären Anlagen sind gepflegt. Hunde sind willkommen (im öffentlichen Raum müssen sie Maulkorb tragen). Inklusive ist der Zutritt zum 200 Quadratmeter großen Wellnessbereich mit Sauna.

Walch's Camping & Landhaus

€€–€€€ | Arlbergstraße 93 | Braz | Tel. +43 55 52 28 102 | landhauswalch.at | ganzjährig
GPS 47.141369, 9.927565

▶ **Größe:** *100 Plätze, Zimmer in Landhaus*
▶ **Ausstattung:** *Aufenthaltsraum, Hundedusche, Babybadewanne und Wickeltisch*

FÜR BIENCHEN & BLÜMCHEN

Alpenidylle pur im Bregenzerwald.

Ganz im Westen
Von Innsbruck nach Bregenz

Fast 400 Kilometer durch Österreichs Westen – das ist alpines Erleben pur! Zwischen den hochaufragenden Bergriesen liegen fruchtbare Täler, an denen sich die Tour entlangschlängelt. Aber es geht auch hoch hinauf; z. B. zum höchsten mit dem Auto erreichbaren Punkt Europas. Die Landschaften sind einfach atemberaubend, ein Paradies für Wanderer und Radler; und in den Seitentälern gibt es viel zu entdecken. Die Tour endet an der deutschen Grenze: Du kannst sie auch als Einstiegstour nehmen und „rückwärts" fahren.

Strecke 394 km

Reine Fahrzeit 7 Std. 26 Min.

Streckenprofil es geht hoch hinauf, viele Kurven bringen jede Menge Fahrspaß

Empfohlene Dauer 2 Wochen

Anschlusstouren E

Tour F im Überblick

Tour-Highlights

Der Abenteuerpark für ein oder gleich mehrere Adrenalinkicks ist die *Area 47* im *Ötztal* ▶ **S. 165**

Immer am tosenden Nass entlang geht's am *Stuibenfall*, Tirols größtem Wasserfall bei *Umhausen* ▶ **S. 165**

Gletscherwandern – dieses Abenteuer kannst du am *Vermuntgletscher* im *Montafon* erleben ▶ **S. 169**

Es knackt und knistert – gemütlich sitzt du im *Waldcamping Batmund im Montafon* am Lagerfeuer beisammen ▶ **S. 171**

Mit dem *Schaufelraddampfer* schipperst du bei *Bregenz* auf den Bodensee ▶ **S. 173**

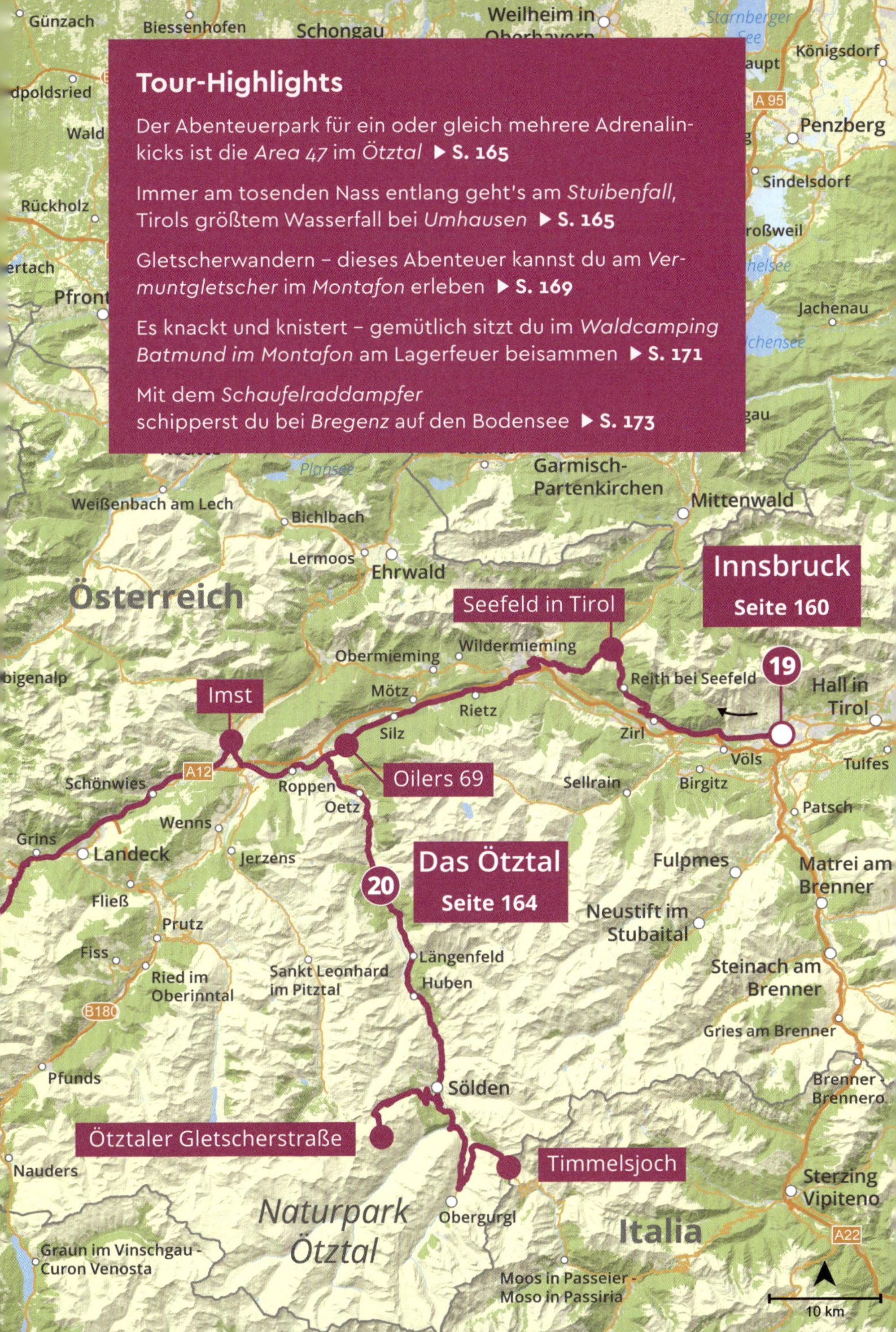

F Tourenverlauf

Start & Spot 19

Innsbruck
Das Wintersportzentrum ist auch im Sommer ein Tipp ▶ **S. 160**

Optionaler Anschluss: Fährst du die Tour „rückwärts", kannst du in Innsbruck in **Tour E** einsteigen.

24 km Direkt an der Altstadt von Innsbruck, ganz nah am Goldenen Dachl, liegt die Innbrücke, auf der du den Fluss überquerst. Sie stammt aus den 1980er-Jahren, wobei die erste Brücke hier schon im 12. Jahrhundert errichtet wurde. Sie ist es auch, die der Stadt ihren Namen gab. Das viereinhalb Meter große Kruzifix steht erst seit 2007 hier – 20 Jahre zuvor war die Errichtung noch gescheitert, weil der Heiland dort ohne Lendenschurz hängt. Hinter der Brücke biegst du links ab und folgst der B171 am nördlichen Ufer des Inn entlang bis kurz vor Zirl. Du lässt die kleine **Burg Martinsbühel** links liegen und hältst dich an der nächsten Abzweigung rechts, um auf die B177 Richtung Seefeld zu gelangen. Eine Viertelstunde später bist du dort.

Seefeld in Tirol

Seit den 1930er-Jahren ist Seefeld als Urlaubsort beliebt – vor allem für Wintersportler. Mehrfach war die Gemeinde Schauplatz Olympischer Winterspiele. Doch auch im Sommer hat das Örtchen mit 3500 Einwohnern viel zu bieten: ein wahres Paradies für Wanderer, Kletterer und Radfahrer aller Disziplinen. Über 650 Kilometer Wanderwege und Klettersteige, mehr als 570 Kilometer Bikestrecken ... Hier gibt es viel zu entdecken. Wer nur mal kurz „hineinschnuppern" möchte, kann eine kurze Wanderung vom Ortskern zur **Wildmoosalm** unternehmen (3 km, 120 Höhenmeter) und sich dort mit lokalen Spezialitäten verwöhnen lassen.

i *Wildmoosalm | Di u. Fr–So 8–22 Uhr, Mi u. Do 8–18 Uhr | Wildmoos 7 | Tel. +43 52 12 30 02 | wildmoosalm.com*

Insider-Tipp
Rundherum das ist nicht schwer

13 Kilometer durch Wiesen und Wälder, vorbei an den seltenen Naturphänomenen Lotten- und Wildmoossee: vier unvergessliche Stunden in der Natur.

30 km Vom Seefelder Hochplateau führt die Route nun zurück ins Inntal und über Telfs weiter nach Osten. Die Autobahn A12 und die Landstraße B171 verlaufen hier annähernd parallel; letztere hat den deutlich höheren Sightseeing- und Erlebnisfaktor. Außerdem kommst du so an einem echt coolen Platz für eingefleischte Autofans vorbei.

Oilers 69

DER Platz für einen Boxenstopp: Das auffällig designte American Diner ist schon rein optisch einen Besuch wert. Es gibt 14 verschiedene Burger, verrückte „Freakshakes" auf Vanilleeisbasis und allerlei andere Kalorienbomben.

i *in den Sommermonaten Di–Do 17–22, Fr 11.30–24, Sa 11–24, So 11–22 Uhr | Gewerbepark 9 | Haiming | Tel. +43 52 66 87 410 | oilers69.com*

7 km Drei Fahrminuten weiter verlässt du die B171 per Kreisverkehr Richtung Süden auf der Ötztalstraße. 50 Kilometer windet sich die Straße durch das berühmte Tal; übrigens das längste Seitental des Inn. Die Gemeinde Sautens liegt gleich am Taleingang. Hier findet sich der **Adrenalinpark Area 47,** dessen Ausschilderung du kaum übersehen kannst (▶ S. 165). Als nächstes kommst du nach Ötz, und beim Blick aus dem Fenster wird klar: Ja, das ist eine beliebte Urlaubsregion!

ANGEDOCKT

Kleine Bootstour gefällig – geht gut auf dem Wildsee.

URKRAFT

Über 159 Meter und zwei Steilstufen stürzt der Stuibenfall in die Tiefe.

Spot **20**

Das Ötztal

Entdeckungen in Ötzis Heimat ▶ **S. 164**

47 km Die Straße führt ins Tal hinein und erreicht die Gemeinde Umhausen mit Ötzi-Dorf und -Museum – eigentlich ein Muss, wenn man schon mal hier ist (▶ S. 165). Lohnend ist auch der Abstecher zum Stuibenfall (▶ S. 165). Noch tiefer geht's ins Tal hinein, über Längenfeld mit seinem Aqua Dome (▶ S. 165) nach Sölden, wo ein Museum daran erinnert, dass hier einst James Bond seine Abenteuer erlebte (▶ S. 165).

Ötztaler Gletscherstraße

Nicht nur das futuristische James-Bond-Museum lohnt einen Ausflug in die Berge westlich von Sölden, es gibt auch eine reizvolle Straße, die du unbedingt fahren solltest. Sie windet sich von **Sölden** entlang des Rettenbachtals in eisige Höhen empor. Ein Endpunkt ist der Obere Parkplatz **Rettenbachjoch** *(GPS 46.94406970512263, 10.92648834496 3742)* mitten in der kargen Hochgebirgslandschaft. Doch auch hier ist noch nicht Schluss: Vorbei am modernen Selbstbedienungsrestaurant **Rettenbach Market** *(Tel. +43 52 54 50 150 | im Sommer tgl. 8.30–16 Uhr | mit Bedienung im „Gletschertisch" im 1. Stock)* erreichst du den **Rosi-Mittermaier-Tunnel,** der quer durch den Berg zum Tiefenbachgletscher führt. Am Ausgang des Tunnels bis du auf 2829 Metern Höhe – dem höchsten mit dem Auto erreichbaren Punkt in ganz Europa!

i Mautstation nach dem Einbiegen ins Rettenbachtal | 20,50 € pro PKW (bis 5 Pers.)

35 km Die letzte Station im Ötztal ist **Obergurgl;** dort endet die Straße durchs Tal. Weiter geht es hier nur im Sommer; steil über den Berg via Timmelsjoch nach Meran in Italien.

Timmelsjoch

Die Auffahrt zum Pass lohnt sich auch, wenn man nicht nach Italien weiter will; allein schon wegen der grandiosen Ausblicke. Mit 2509 Metern Höhe ist dies Österreichs höchstgelegener Grenzübergang. Oben steht ein architektonisch gewagt aussehendes Museum – und zwar genau auf der Grenze: Erbaut auf österreichischem Nordtiroler Boden, ragt es freischwebend 16 Meter ins italienische Südtirol hinein. Bis Meran sind es insgesamt etwa eineinhalb Stunden – ein lohnender Tagesausflug!

i Mautstation in Obergurgl | befahrbar je nach Schneeverhältnissen etwa Ende Mai–Okt. | PKW einfach 17, hin u. zurück 24 €; Womos über 3,5 t einfach 28 € | Passmuseum tgl. 8–20 Uhr | timmelsjoch.com

72 km Nach der Erkundung des Ötztals kehrst du zurück ins Inntal. Die B171 bringt dich nach Imst, wo du in der Umgebung schöne Schluchten erkunden kannst.

Imst

Gleich im Ortskern von Imst, an der Johanneskirche, beginnt der 1,5 Kilometer lange Weg entlang des Schinderbachs bis zur **Blauen Grotte** in der **Rosengartenschlucht:** mit den engen, steil aufragenden Felswänden und dem kristallklaren, durch den Grund tobenden Bach ein echtes Erlebnis *(Mai–Okt. | Eintritt frei)*! Ein Tipp vor allem für Familien mit Kindern ist die **Salvesenschlucht** etwas nördlich von Imst beim Dorf Tarrenz: ein knapp fünf Kilometer langer Rundweg mit vielen Rastmöglichkeiten und einem „verhexten" Lehrpfad für Kinder *(April/Mai–Okt. | kein Eintritt)*.

P Parkplatz für die Salvesenschlucht an der Pfarrkirche Tarrenz bei GPS 47.265733, 10.762953; in Imst P9 Sonneparkplatz nahe der Johanneskirche, GPS 47.241818, 10.740116

F Tourenverlauf

48 km Von Imst fährst du weiter den Inn entlang nach Westen. Die B171 verwandelt sich schließlich bei Grins von der „Tiroler Straße" in die B316 „Arlberg Ersatzstraße". Der folgst du aber nicht, sondern biegst hinter der Jet-Tankstelle links ab auf die B188 „Silvretta Straße" mit einigen echten Highlights. Zunächst folgt die Straße dem Flüsschen Trisanna talaufwärts. Nachdem du mehrere kleine Ortschaften passiert hast, taucht nach etwa einer halben Stunde etwas Größeres vor dir auf:

Ischgl

Im Winter ist dies ein beliebter Skiort mit feuchtfröhlichen (und seit Corona auch Nicht-Skifahrern bekannten) Après-Ski-Events, im Sommer Ausgangspunkt für Wanderungen, Mountainbiketouren und anderen Alpenerlebnissen; viele davon auf über 2000 Metern Höhe. Lust auf ein bisschen Adrenalin? Dann trau dich auf die **Zipline** – mit über 80 Sachen über die Landschaft zu zischen, ist ein unvergessliches Erlebnis.

i *Ischgl Skyfly | Juli–Sept. Di–So 11–18, Dez.–April Di–So 10–16 Uhr | 39, Kinder 25 € | Flugzeit 3 Min. | Kitzlochschlucht | ischgl.com*

20 km 15 Autominuten hinter Ischgl erreichst du bei Wirl eine Mautstation, hinter der die B188 als kostenpflichtige Panoramastraße weitergeht.

Silvretta Hochalpenstraße

Dieser Streckenabschnitt hat besonders viele schöne Ausblicke. Er führt zunächst acht Kilometer mit zwei Spitzkehren hinauf zu **Bielerhöhe.** Dort befindet sich der **Silvrettastausee,** um den ein etwas über sechs Kilometer langer Rundweg herumführt – eine schöne, knapp zweistündige Wanderung mit beeindruckenden Ausblicken auf die umliegenden 3000er.

i *Maut 16,50 € | keine Anhänger erlaubt | silvretta-bielerhoehe.at*

Auch wenn du nicht um den ganzen See wandern willst – den Fußgängertunnel mit Lichteffekten kurz hinter der Staumauer solltest du dir nicht entgehen lassen.

38 km Der Silvrettastausee wird durch das Flüsschen Ill gespeist, das unter der Staumauer wieder zum Vorschein kommt und nun talwärts strömt. Parallel dazu windet sich die Straße nun weitere 13 Kilometer in

32 Spitzkehren bergab, ehe sie die Mautstation in Partenen erreicht. Willkommen im Montafon!

Spot 

Das Montafon

Im wunderschönen Alpental die Ruhe genießen ▶ **S. 168**

71 km

Von der Mautstelle bis nach **Bludenz** am Talausgang sind es nur 33 Kilometer. Bevor du die Berge endgültig hinter dir lässt, solltest du noch einen letzten Abstecher machen: in Schruns rechts ab ins **Silbertal** und dort ins gleichnamige Dorf am Talende. Neben einem Blick ins **Bergbaumuseum** *(Dorfstraße 8 | Silbertal | Juni–Okt. Di–Fr u. So 14–17 Uhr)* lohnt besonders die kurze Wanderung zum **Teufelsbachwasserfall.** In Bludenz stößt du auf die A14. Sie bringt dich vorbei an Feldkirch und Dornbirn in einer knappen dreiviertel Stunde an den Bodensee. Kurz vor Bregenz siehst du links die Rheinmündung. Der lange Damm übrigens führt in den See, damit die Ufer nicht zu sehr verlanden und das Flussdelta so bleibt, wie es ist.

Ziel & Spot 

Bregenz am Bodensee

Perfekter Mix aus Sport, Kultur und Natur ▶ **S. 172**

CAMPERTREFF

Da lässt man das Womo doch gern mal stehen und genießt die gute Luft bei Nenzing.

Innsbruck
Das Wintersportzentrum ist auch im Sommer ein Tipp

Innsbruck ist eine spannende Mischung aus Alt und Modern. Es weht beinahe ein Hauch Italien durch die Gassen; modebewusst ist man hier, dazu sportlich und irgendwie etwas bunter als anderswo in Österreich. Die Stadt ist umgeben von hohen Bergen. Vor allem im Frühjahr, wenn unten alles grünt und blüht, oben aber noch eisige Kälte herrscht und die Gipfel in strahlendes Weiß getaucht sind, erlebst du hier urbanes Leben eingebettet in eine grandiose Natur.

P *Parken Innrain | Innsbruck | GPS 47.255449, 11.376295 | von diesem kostenpflichtigen Parkplatz sind es nur ca. 2 km zum Goldenen Dachl.*

QUIRLIG

Modernes Leben pulsiert in Innsbruck in historischem Ambiente.

AKTIVITÄTEN & SIGHTSEEING

1 Goldene Dächer und ganz viel Maximilian kennenlernen

Innsbrucks **Altstadt** ist klein und gut erhalten. Bemerkenswert ist das Goldene Dachl, bedeckt mit feuervergoldeten Kupferschindeln, die Kaiser Maximilian vor Sonne und Regen schützten (wenn er hier um 1500 auf die Stadt blickte). Oder der Stadtturm (um 1450), von dessen Aussichtplattform dir Innsbruck zu Füßen liegt. Auch die Hofkirche und die Kaiserliche Hofburg solltest du dir ansehen. Mit der Innsbruck Card kannst du 21 Sehenswürdigkeit besuchen, und der Transport ist auch mit dabei. ***Infos:*** *Innsbruck-shop.com*

Insider-Tipp

Mit 3D-Brille in die Vergangenheit

Wie lebten die Leute hier um die Jahrhundertwende? Dank neuester Technik geht's auf der Time Tour hin und her zwischen Vergangenheit und Heute. timetour.studio/stadtfuehrung-innsbruck

2 Von der Freiheit träumen

Die Sprungschanze auf dem **Bergisel** ist nicht zu übersehen. Der Hügel, auf dem sie thront, ist besonders geschichtsträchtig, denn hier gewann der Freiheitskämpfer Andreas Hofer mehrere Schlachten. Das 1000 Quadratmeter große **360-Grad-Tirol-Panorama,** gemalt und ganz real, erzählt davon. ***Infos:*** *9–17 Uhr | Innsbruck | tiroler-landesmuseen.at/haeuser/tirol-panorama-mit-kjm*

3 Ein Schloss mit Wunderkammer aufspüren

Im **Schloss Ambras** befindet sich das mutmaßlich erste Museum der Welt. Erzherzog Ferdinand II brachte im 16. Jahrhundert seine Sammlung hier unter, die bis heute in der Kunst- und Wunderkammer bestaunt werden kann. ***Infos:*** *Dez.–Okt. tgl. 10–17 Uhr | 12–16 € | Schlossstraße 20 | Innsbruck | schlossambras-innsbruck.at*

4 Von der Hungerburg über die Seegrube zum Hafelekar

Über die Bergbahnstationen geht es hinauf zum **Top of Innsbruck.** Am Endziel heißt es nur noch kurz bis zur **Hafelekarspitze** auf 2334 Metern wandern. Dann ist er da, der grandiose Blick auf Innsbruck. ***Infos:*** *tgl. 8.30–17.30 Uhr | Nordketten-*

REGENTAG – UND NUN?

5 Ach, du heiliger Bimbam!

Ob die Glocke, die du auf der letzten Wanderung um den Kuhhals hast bimmeln hören, auch in der Glockengießerei **Grassmayr** gegossen wurde? Der Familienbetrieb ist seit über 420 Jahren im Geschäft. Im kleinen Museum wird anschaulich vermittelt, wie Glocken aller Art hergestellt werden. Im Klangraum kannst du sie selbst ertönen lassen. ***Infos:*** *Mo–Fr 10–16 Uhr, Mai–Okt. auch Sa | 9, Kinder 6–14 J. 5 € | Leopoldstraße 53 | Innsbruck | grassmayr.at*

bahn | Innsbruck | nordkette.com **Parken:** *GPS 47.286774, 11.398428*

ESSEN & TRINKEN

6 Breakfast Club

Keine Lust, Frühstück zu machen? Dann auf in den Breakfast Club! Gut, günstig und nachhaltig, wie du hier schmecken wirst. Super Atmosphäre. ***Infos:*** *tgl. 7.30–16 Uhr | Maria-Theresien-Straße 49 | Innsbruck | Tel. +43 51 23 19 584 | breakfast-club.at | €–€€*

7 Die Wilderin

Natürlich gibt es bei diesem Restaurantnamen Fleisch. Aber nicht immer gibt es alles, denn hier wird stets ein komplettes Tier gekauft und solange gekonnt verarbeitet, bis es komplett verspeist ist. Auch beim Gemüse gilt: Nur Saisonales wird verarbeitet. Zum Essen gibt es oft Livekonzerte. ***Infos:*** *Di–So 17–24 Uhr | Seilergasse 5 | Innsbruck | Tel. +43 51 25 62 728 | diewilderin.at | €€–€€€*

8 Lichtblick

Über den Dächern der Stadt kommen drei Menüs mit jeweils drei Gängen auf den Tisch. Alle Gerichte kannst du natürlich auch einzeln bestellen. Nicht ganz billig, aber das ist auch der Lage geschuldet. ***Infos:*** *Mo–Sa 10–1 Uhr | Maria-Theresien-Straße 18 | Innsbruck | Tel. +43 51 25 66 550 | restaurant-lichtblick.at/ | €€€*

EINKAUFEN

9 Bauernmarkt

Außer am Sonntag findet vormittags an den Markthallen auch ein Bauernmarkt statt. Wer früh kommt hat eine super Auswahl an lokal angebauten Köstlichkeiten. ***Infos:*** *Mo–Fr 7–12, Sa bis 13 Uhr | Herzog-Siegmund-Ufer 1–3 | Innsbruck | markthalle-innsbruck.at/bauernmarkt.html*

WAS FEINES

... so eine Tiroler Speckknödelsuppe, wenn der Magen auf halb Acht hängt.

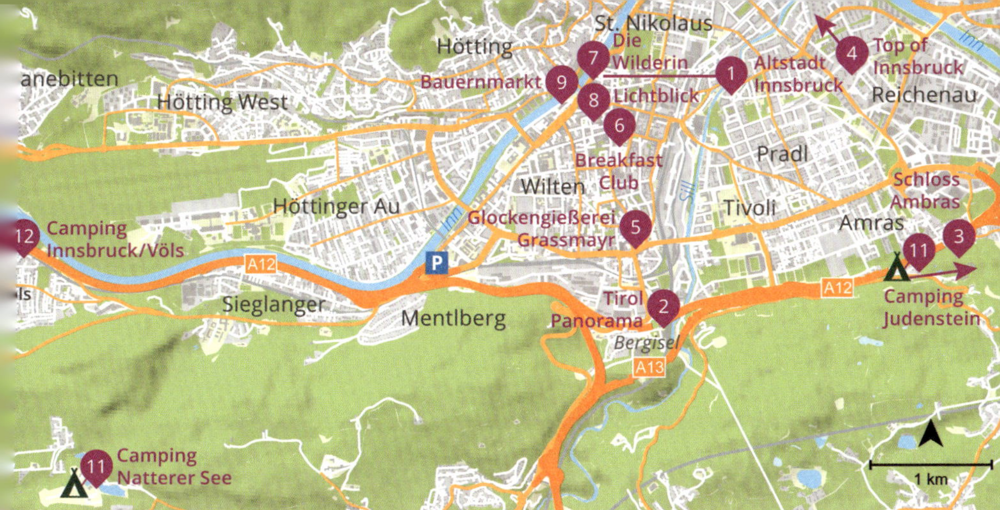

STELL- & CAMPINGPLÄTZE

10 Mitten im Dorf

Kleiner, gut geführter Platz mit vielen Sonnenplätzen, aber auch Schatten unter Bäumen, saubere sanitäre Anlagen und in direkter Nachbarschaft die Dorfkirche mit dem namensgebenden Judenstein. Straßenlärm gibt es nicht. Mit dem Auto ist man in 15 Minuten in Innsbruck. Aber es gibt auch eine Bushaltestelle direkt vor dem Platz.

Camping Judenstein

€ | Judenstein 40 | Rinn | Tel. 66 42 42 85 00 | camping-judenstein.at | Mitte April–Mitte Okt. GPS 47.260034, 11.505929

- **Größe:** *60 Plätze, davon einige für Dauercamper*
- **Ausstattung:** *Waschmaschine, Wäschetrockner*

11 Im Bus am See

Gut geführter, moderner 5-Sterne-Platz, trotz Stadtnähe mitten im Grünen. Einige Plätze liegen vorne direkt am See. Wer mag, leistet sich den Luxus eines eigenen Badezimmers. Im Sommer gibt es im Seerestaurant oder der SunSEEbar immer mal wieder Livekonzerte.

Camping Natterer See

€€€ | Natterer See 1 | Natters | Tel. +43 51 25 46 732 | natterersee.com | ganzjährig GPS 47.236990, 11.340427

- **Größe:** *200 Stellplätze, Mietzelte, Mobile Homes und Apartments*
- **Ausstattung:** *Kochstelle, Hundedusche, Schließfächer, Waschmaschine, Trockner*

12 Ganz nah dran

Im Dorf Völs, westlich von Innsbruck, heißt Familie Stigger seit 1960 auf Rasenplätzen Campinggäste willkommen. Sportspaß bietet das gegenüberliegende beheizte (kostenpflichtige) Schwimmbad. Ein Einkaufszentrum ist nicht weit. Mit dem Auto seid ihr in zehn Minuten in Innsbruck, direkt vor dem Platz hält ein öffentlicher Bus, und auch mit dem Fahrrad ist die Strecke gut machbar. Nur Barzahlung.

Camping Innsbruck/Völs

€–€€ | Bahnhofstraße 10 | Völs | Tel. +43 51 23 03 533 | camping-stigger.at | Mitte April–Ende Okt. GPS 47.256823, 11.354924

- **Größe:** *30 Stellplätze*
- **Ausstattung:** *Waschmaschine, Trockner, Pizzeria (18–23 Uhr)*

Das Ötztal
Entdeckungen in Ötzis Heimat

Adrenalinfans kennen das Tal, denn hier steht sie, die spektakulärste Outdoorarea Österreichs, Filmfans zieht es hinauf zur Gaislachkogel, auf der 007 in „Spectre" Abenteuer erlebte, und wieder andere sind auf den Spuren der berühmten Mumie Ötzi unterwegs. Spannend ist es schon zu sehen, wie die Menschen hier vor Urzeiten gelebt haben. Und wenn du im Van sitzend hoch hinaufwillst, dann fahr bis ganz ans Ende auf der Ötztaler Gletscherstraße durch den Rosi-Mittermaier-Tunnel hindurch zum höchsten Ort der Alpen, den man überhaupt mit dem Auto erreichen kann (▶ S. 156).

MEIN NAME IST BOND

Definitiv beeindruckend – die James-Bond-Erlebniswelt am Gaislachkogel.

AKTIVITÄTEN & SIGHTSEEING

1 Adrenalin pur ausschütten

Die **Area 47** ist ein Abenteuerpark der Extraklasse. Ohne Mut und den Hang zum Adrenalinschock geht's hier nicht. Von der Brücke springen? Als menschliches Geschoss durch die Gegend fliegen oder sich auf die fast senkrechte Rutsche trauen? Definitiv ein Ort, um die eigenen Grenzen auszuloten. ***Infos:*** *Mai–Anfang Okt. | unterschiedliche Pakete buchbar, ab 25–400 € (mit Übernachtungen), Kinder (je nach Aktivität ab 12 J.) ab 16 € | Ötztaler Achstraße 1 | Ötztal | area47.at*

2 Immer am Fall entlanghangeln

Im Ötztal stürzt sich der **Stuibenfall,** Tirols größter Wasserfall, 159 Meter in die Tiefe. Direkt an ihm entlang führen ein Holzsteg über 700 Stufen und eine Hängebrücke. Etwas anstrengender geht es über den Klettersteig. ***Parken:*** *im Tal Bischoffsplatz, Umhausen | GPS 47.132164, 10.930545; oder ab Parkplatz Sennhof, Niederthai | GPS 47.128644, 10.969319*

Insider-Tipp
Und wie er strahlt

Jeden Mittwochabend vom Einbruch der Dunkelheit bis Mitternacht wird der Fall beleuchtet. Da lohnt es sich erst recht einen Blick zu riskieren.

3 Auf den Spuren von 007

Auf 3050 Metern Höhe einen Martini trinken? Die **Ice-Q-Bar** am Gaislachkogel brachte es zu Weltruhm, als 007 in „Spectre" unterwegs war. Die unterirdische **James-Bond-Erlebniswelt** erinnert an alle James-Bond-Abenteuer. ***Infos:*** *Di–So 9–16.30, letzter Einlass 15.30 Uhr | 22, Kinder bis 14 J. 12, bis 18 J. 17 €, zzgl. Bahnfahrt | Gaislachkogelbahn | 007elements.soelden.com*

4 Bei Ötzi zu Hause

Nachdem im Jahr 1991 Ötzi, die Mumie aus dem Eis, am Tisenjoch geborgen wurde, intensivierte man die Forschung und fand heraus, wie die Menschen vor etwa 5000 Jahren im Ötztal lebten. Heute kannst du im **Ötzi-Dorf** eine Zeitreise in das Leben von damals unternehmen. ***Infos:*** *Mitte Mai–Mitte Okt. tgl. 9.30–17.30 Uhr, tgl. kostenlose Führungen | 10, Kinder 6–15 J. 5 € | Am Tauferberg 8 | Umhausen | oetzi-dorf.at*

REGENTAG – UND NUN?

5 Wenn im Aqua Dome die Sterne funkeln

Wie dampfende Suppenteller schweben die zwei Becken der Therme auf Säulen inmitten einer herrlichen Gebirgslandschaft. Genug gefaulenzt? Dann auf zu den sieben Saunen, ins Schwimmbecken oder zu einem Verwöhnprogramm ins Spa. Jeden Freitag bis 24 Uhr geöffnet. Und wenn's nicht regnet: Im warmen Wasser zu liegen – über dir die Sterne und der Mond –, klingt doch auch gut?! ***Infos:*** *tgl. 9–23 Uhr | 3 Std. 26, Tageskarte 42, Kinder 23 € | Oberlängenfeld 140 | Oberlängenfeld | aqua-dome.at*

ESSEN & TRINKEN

6 Gasthof zum Stern

Das reich verzierte Haus stammt original aus dem Mittelalter. Es wurde als Gerichtssitz erbaut, aber schon ab 1611 als Gasthof genutzt und bietet bis heute gute traditionelle Küche. ***Infos:*** *tgl. 15–23 Uhr | Kirchweg 6 | Oetz | Tel. +43 52 52 63 23 | gasthof-zum-stern.at | €€*

7 Gasthof Krone

Willst du auch mal züekearen, zomkemen, drlebm und dich fein tunen lossn? Schon beim Lesen der Speisekarte des seit 1790 betriebenen Gasthofes gibt's eine Gratislehrstunde in Sachen Ötztaler Österreichisch. Die Zutaten stammen aus der Region. Hier wird nicht gehetzt, immer etwas Zeit mitbringen. ***Infos:*** *Mi–Sa 12–14 u. 17.30–21, So 10.30–21 Uhr | Dorf 30 | Umhausen | Tel. +43 52 55 50 048 | krone-umhausen.at | €€*

8 Tino's Pizza & More

Frische und nicht alltägliche Zutaten geben den Pizzen in dieser Pizzeria das gewisse Etwas: Ihr Teig wird aus Kamutmehl hergestellt, einem Urgetreide, das schon die Pharaonen als besonders wertvoll schätzten. ***Infos:*** *Di–Sa 11–21 Uhr | Oberlängenfeld 14 | Oberlängenfeld | Tel. +43 52 53 64 790 | €€*

EINKAUFEN

9 Handweberei Doblander

Hier wird der Stoff immer noch mit dem in Handarbeit betriebenen Webstuhl gefertigt. Verarbeitet werden Flachs und Schafwolle – alles ohne Chemie. Die Webarbeiten gibt es als Meterware und verarbeitet: als Geschirrtücher oder Hemden. ***Infos:*** *Mo–Fr 9–12 u. 16–18.30, Sa 9–12 Uhr | Mühlweg 50 | Umhausen | handweberei-oetztal.at*

RUHIG & ROMANTISCH

Unvergleichlich schön liegt der Camping Längenfeld im Herzen des Ötztals.

STELL- & CAMPINGPLÄTZE

10 Dem Fall und den Bergen ganz nah

In unmittelbarer Nähe zum Stuibenfall wird der kleine Campingplatz seit über 25 Jahren von Familie Krismer betrieben, bietet sonnige Plätze auf einer Wiese mit allem, was du brauchst. Und wenn es mal regnet, dann kannst du dich auf einer kleinen überdachten Kletterwand auspowern. Saubere moderne Sanitäranlagen.

Ötztal Arena Camping 

€–€€ | Mühlweg 32 | Umhausen | Tel. +43 52 55 53 90 | oetztalcamping.com | ganzjährig GPS 47.135446, 10.931834

- ▶ **Größe:** *100 Stellplätze, eine paar Hütten*
- ▶ **Ausstattung:** *Kletterwand, WLAN kostet extra, Restaurant, Wäschetrockner, Waschmaschine*

11 Idylle mit Mühlenflair

Wirklich romantisch: Eine Mühle, daneben ein rauschender Bach, Stellplätze auf mehreren Ebenen und auf einer großen Wiese. Vieles ist hier aus Holz gebaut und geschmackvoll angelegt. Einmal in der Woche gibt es einen Grillabend und jeden Montag nimmt die Mühle ihren Betrieb auf. Das Mehl wird dann zu leckerem Brot gebacken: eine Brettljause der Extraklasse.

Ötztaler Naturcamping 

€–€€ | Huben 241 | Huben | Tel. +43 52 53 58 55 | oetztalernaturcamping.com | Juni–April, kurze Pause im Oktober GPS 47.037265, 10.977001

- ▶ **Größe:** *140 Stellplätze, Zimmer im Haus*
- ▶ **Ausstattung:** *Waschmaschine, Trockner, Spielplatz*

12 Bällebad und Badvergnügen

Familie Auer führt diesen recht großen Platz mit ordentlich angelegten Stellplätzen. Erwähnenswert ist das Spielplatzangebot für Kinder, innen wie außen. Nahebei liegen der Aqua Dome und ein Freibad. Wer mag, kann ein eigenes Badezimmer dazubuchen.

Camping Ötztal Längenfeld

€€ | Unterlängenfeld 220 | Längenfeld | Tel. +43 52 53 53 48 | camping-oetztal.com | ganzjährig GPS 47.072059, 10.963835

- ▶ **Größe:** *205 Stellplätze, 4 Lodges und 2 Mietcaravans*
- ▶ **Ausstattung:** *Mietbäder, Kinderspielplatz, Waschmaschine, Trockner*

Das Montafon

Im wunderschönen Alpental die Ruhe genießen

Ins südlichste Tal Voralbergs geht es am „aussichtsreichsten" über die Silvretta Hochalpenstraße. Drei imposante Gebirge umrahmen das nur 39 Kilometer lange Tal und seine elf Orte: Silvretta, Rätikon und Verwall. In der Region ragt der höchste Berg Voralbergs hervor, der 3312 Meter hohe Piz Buin. Hauptattraktionen sind Wandern, Klettern und Biken – vor allem im Sommer ohne Massentourismus. Hier hast du die Natur noch oft für dich allein.

URSPRÜNGLICH

Im Montafon musst du die Natur oft nur mit den Tieren teilen.

AKTIVITÄTEN & SIGHTSEEING

1 Den See umrunden

Über die Silvretta Hochalpenstraße (▶ S. 158) kommst du von Juni bis Ende Oktober auf 2300 Metern zum **Silvrettastausee.** Auf einem einfach zu gehenden Wanderweg geht es in zwei Stunden einmal drumherum. Ist dir das zu langweilig, dann wage dich doch auf den Klettersteig: An der Staumauerwand geht es steil bergab. Hängende Bänke laden zur Rast. ***Infos:*** *Klettern 35 €, ab 8 J. und 1.40 m | silvretta-bielerhoehe.at/de/Aktiv/Kletterpark* ***Parken:*** *bei GPS 46.917533, 10.092645*

2 Sich aufs Eis wagen

Am Stausee Silvretta Bielerhöhe geht es los, über die **Wiesbadener Hütte** erreichst du dank sachkundiger Führung dein Ziel: den **Vermuntgletscher.** Steigeisen werden gestellt, aber achte auf festes Schuhwerk. Und auch wenn es richtig Sommer ist: Handschuhe und wetterfeste Kleidung sind hier oben im Schnee ein Muss. ***Infos:*** *Touren über Touristeninfo | Monafonerstraße 21 | Schrunz | montafon.at/de/Veranstaltungskalender/Gletscherwanderung-in-der-Silvretta_e_77132*

3 Die 1, 2 oder 3 beklettern

Mit dem Lift geht es hinauf zu drei **Klettersteigen am Hochjoch,** die dir dank unterschiedlicher Varianten und Schwierigkeitsgrade die Wahl lassen. Der Klettersteig Hochjoch ist besonders lang *(4 Std.)* und führt über Hängebrücken und Leitern auf den Gipfel des Hochjochs. Anfänger gehen die 2, Erfahrene die Nummer 1. ***Infos:*** *Startpunkt ab Bergstation Sennigrat nahe der Wormser Hütte | Tickets 22,40, Kinder 13,40 € | silvretta-montafon.at; Leihequipment: Mo–Fr 8.30–12.30 u. 14–18 Uhr | Intersport | Montafonerstraße 3a | St. Gallenkirch*

4 Einmal Senner:in sein

Die Spezialität der Region ist der Montafoner Sura Kees. Richtig viel Infos zu diesem würzigen Sauerkäse mit 1,8 Prozent Fettgehalt hat das **Käsehaus Montafon.** Hier gibt es auch eine Sennschule, wo du lernen kannst, wie's geht. ***Infos:*** *tgl. 9–18 Uhr, Sennschule Sa 10 Uhr | Montafonerstraße 17 | Schruns | Tel. +43 55 56 93 093 | kaesehaus-montafon.at/home*

REGENTAG – UND NUN?

5 Alle Wetter – die Aquarena

Hand aufs Herz, wenn es regnet, dann gibt es nicht wirklich viel Abwechslung. „Regensachen an und trotzdem raus" ist heute keine Option für dich? Dann ist die **Aquarena Montafon** vielleicht eine Idee. Nass wirst du auch hier, aber immerhin ist das Wasser mit 28 °C ziemlich warm. Geht's raus ins Außenbecken auf die Wellenrutsche, erwarten dich immerhin noch 24 °C. ***Infos:*** *tgl. 9.30–20 Uhr | 7,80, Kinder ab 6 J. 4,10 € | Galgenulerstraße 199a | St. Gallenkirch | aquarena-montafon.business.site*

ESSEN & TRINKEN

6 Wormser Hütte

Auf der Wormser Hütte am Hochjoch schwören Freunde des Süßen auf den Apfelstrudel. Wenn du es deftiger magst, wähle die Hauswurst oder eine Brettljause. Und natürlich gibt es auch hier Sura Kees. ***Infos:*** *tagsüber Juli–Okt. u. Dez.–April | Schruns | Tel. +43 66 41 32 03 25 | wormser-huette.at | €–€€*

7 Gasthaus zum Kreuz

Im urigen Gewölbekeller oder der Montafoner Stube gibt es Wiener Schnitzel, Pommes und Gulasch. Als besonderes Event lohnt ein Fondue. ***Infos:*** *Mi–So 17–22 Uhr | Kirchplatz 18 | Schruns | Tel. +43 55 56 72 117 | kreuzschruns.at | €€*

8 Pizzeria al fiume

„So liebt der Italiener seine Pizza", lacht er und reserviert gleich für den nächsten Tag wieder einen Tisch. ***Infos:*** *Di–So 11.30–14 u. 17–22.30 Uhr | Kronengasse 2 | Schruns | Tel. +43 66 02 01 30 01 | alfiume.webnode.at | €€*

Insider-Tipp
Frisch geölt

Ein paar Tropfen Öl – verfeinert mit Knoblauch – geben der Pizza noch mal das gewisse Superextra.

EINKAUFEN

9 Biersiederei

Seit 2019 werden ausgefallene Craftbiere im Montafon gebraut. Ob untergäriges Märzenvollbier oder Weißbier mit Bananenaroma – vielleicht findest du hier dein neues Lieblingsflüssigbrot. ***Infos:*** *Di–Fr 10–12 u. 14–17.30 Uhr, Mo nur 14–17.30 Uhr | Bahnhofstraße 10 | Schruns | Tel. +43 65 03 24 11 16 | biersiederei.at*

BELOHNUNG

Brettljause, Apfelstrudel und eine grandiose Aussicht gratis dazu auf der Wormser Hütte.

STELL- & CAMPINGPLÄTZE

10 Lagerfeuerromantik am Fluss

Das Schwesternpaar Pfeifer managt diesen kleinen Betrieb erfolgreich unaufgeregt. Schöne Plätze unter Bäumen und Sträuchern nahe dem Bach und einen am Wasser gelegenen Lagerfeuerplatz. Etwas lauter ist es auf der Campingwiese weiter vorne nahe der Straße. Die Bäder sind riesig groß und sehr sauber. In der Saison besser vorher anrufen!

Waldcamping Batmund 

€–€€ | Montafonerstraße 65c | St. Gallenkirch | Tel. +43 55 57 21 893 | waldcamping-batmund.com | ganzjährig
GPS 47.030105, 9.957507

▶ **Größe:** *40 Stellplätze*
▶ **Ausstattung:** *nur Bahrzahlung, Wäschetrockner, Waschmaschine, Warmduschen kosten extra, Lagerfeuerplatz am Fluss, Badestelle für Hunde*

11 Ausblick mit Pool

Hallenbad, ein Freibad, eine Saunawelt und dazu noch von vielen Plätzen eine tolle Sicht auf die Berge. Mit diesem Angebot hat es Familie Morik geschafft und kann sich mit dem ADAC Siegel „Superplatz" schmücken. Die Plätze sind terrassenförmig angelegt, und alles ist wirklich sehr sauber und ordentlich. Oberhalb des Restaurants und Spas liegen wie Adlerhorste die Glamping-Unterkünfte.

Alpencamping Nenzing 

€€€ | Garfrenga 1 | Nenzing | Tel. +43 55 25 62 49 10 | alpencamping.at | ganzjährig
GPS 47.182116, 9.682438

▶ **Größe:** *155 Stellplätze, Apartments und Bungalows*
▶ **Ausstattung:** *Pool, Sauna, Mietbäder, Restaurant, Imbiss*

12 Hoch oben an der Alpenstraße

Die Zeinisjochstraße führt über Galtür, also mautfrei, zu dem naturnahen Camp auf 1820 Meter Höhe oberhalb der Waldgrenze. Direkt am Kopsstausee, umgeben von Bergen und saftig grünen Wiesen – abgeschiedener geht kaum.

Camping Zeinisee

€€ | Zeinisjoch | Galtür | Tel. +43 54 43 85 62 | camping-galtuer.at | Juni–Okt.
GPS 46.978013, 10.127383

▶ **Größe:** *29 Stellplätze, Apartments*
▶ **Ausstattung:** *Wäschetrockner, Waschmaschine*

Bregenz am Bodensee
Perfekter Mix aus Sport, Kultur und Natur

Bregenz – das ist Kultur und Sport, das ist Natur und urbanes Leben. Wer nur einen Hauch von kulturellem Interesse in sich trägt, sollte unbedingt die Bregenzer Festspiele besuchen oder zumindest einmal Museumsluft schnuppern. Und wenn es dich sportlich in die Natur zieht, dann kannst du kajaken, schwimmen, paddeln, SUPen, klettern, biken und paragliden (lernen). Und natürlich lockt auch hier ein Berg Wanderfreundige in luftige Höhen.

P *Parkplatz Festspielhaus | Bregenz | GPS 47.504217, 9.738037*

SPEKTAKEL

... das ist mal sicher – bei den Bregenzer Festspielen im Sommer.

AKTIVITÄTEN & SIGHTSEEING

1 Kultur atmen

Bei Klassikfans gelten die sommerlichen Bregenzer Festspiele als das Highlight des Jahres. Das ganze Jahr sorgt das KUB, das **Kunsthaus Bregenz,** mit wechselnden Ausstellungen für glückliche Kulturliebhaber. ***Infos:*** *Di–So 10–18, Do bis 20 Uhr | 11, 20–27 J. 7 €, bis 19 J. freier Eintritt, ab 60 J. 9 € | Karl-Tizian-Platz | Bregenz | kunsthaus-bregenz.at*

2 Mit dem Raddampfer auf den See hinausfahren

Ob zum Frühstück oder zum Sonnenuntergang mit Galadinner, eine Fahrt auf dem See lohnt sich. Zur Auswahl stehen Ausflüge mit dem **Schaufelraddampfer Hohentwiel,** der seit 1913 im Dienst ist, oder auf dem **Art-déco-Motorschiff Oesterreich,** das 1928 erstmals auslief. ***Infos:*** *Historische Schifffahrt Bodensee | Hafenstraße 15 | Bregenz/Hard | Tel. +43 55 74 63 560 | hs-bodensee.eu*

3 Einen Tag auf dem Pfänder verbringen

Mit der Gondel, dem Auto oder zu Fuß geht's auf den 1064 Meter hohen **Pfänder.** Toll ist der 360-Grad-Ausblick an der **Bergstation**. Nun heißt es losgewandert: Nahrhaft ist die Käseroute *(4 Std.)* vorbei an einigen Sennereien, wo du Käse verkosten und kaufen kannst. ***Infos:*** *Pfänderbahn tgl. 8–19 Uhr | Sommer 8,20/14,20 €, Kinder die Hälfte und Jugendliche 16–19 J. 7/12,10 €; im Winter günstiger | Steinbruchgasse 4 | pfaenderbahn.at*

Insider-Tipp Wildpark *Vor allem Kinder lieben diesen Park neben der Bergstation, doch auch manch erwachsenes Herz hüpft beim Anblick der hier lebenden Alpensteinböcke oder Murmeltiere. Eintritt frei.*

4 Hoch hinauf und sicher runter

Die Gegend des Bregenzerwaldes ist perfekt zum Paragliden. Ausreichend Winde sind vorhanden, aber nicht zu turbulent, und die Thermik gilt als gutmütig. Perfekt also, um einen Flug oder einen Tandemsprung zu wagen, z. B. bei der **Flugschule Bregenzerwald.** ***Infos:*** *Wilbinger 483 | Bezau | Tel. +43 55 14 31 77 | gleitschirmschule.at* ***Anfahrt:*** *35 km von Bregenz über die B200 in 35 Min.*

REGENTAG – UND NUN?

5 Wissen im Voralberg Museum horten

Um die 160 000 Objekte haben die Macher des Voralberg Museums über die Zeit des nun 150-jährigen Bestehens gesammelt. Darunter archäologische Artefakte, sakrale und profane Kunst, volkskundliche Objekte und immer häufiger derzeit nichtmaterielle Projekte. So geht modernes Museum! Das Ziel, dem Besucher die Region nahezubringen und die Kultur zu bewahren, ist eindeutig geglückt. ***Infos:*** *Di–So 10–18, Do bis 20 Uhr | 9, bis 19 J. freier Eintritt | Kornmarktplatz 1 | Bregenz | vorarlberg museum.at*

ESSEN & TRINKEN

6 Freischwimmer

Aus regionalen Zutaten entstehen hier Gerichte sowohl für den Gaumen als auch fürs Auge. Es schmeckt nämlich nicht nur gut, es sieht auch noch toll aus. ***Infos:*** *Di–Do 11–15 u. 17–22, Fr 12–14.30 u. 17–22, Sa 11–15 u. 17–22, So 11–16 Uhr | Anton-Schneider-Straße 1 | Bregenz | Tel. +43 55 74 42 46 70 | freischwimmer-bregenz.at | €€*

7 Kornmesser

Im stilvollen Haus lockt ein heller Gastraum mit Stuck an der Decke. Magst du lieber an der frischen Luft sitzen, geht das im überdachten Außenbereich. Theresia und Thomas Zwerger setzen auf eine Mischung aus Tradition und Regionalem. Da gehört – so nah an Deutschland – auch die Weißwurst dazu. ***Infos:*** *Di–So 9–24 Uhr | Kornmarktstraße 5 | Bregenz | Tel. +43 55 74 54 854 | kornmesser.at | €€€*

8 LuSt Café Bar

Tagsüber lecker Kuchen und super Kaffee und abends bis tief in die Nacht nippen alle glückselig an Cocktails oder machen es kurz mit einem der beliebten Shots. Die Location lebt vor allem von der guten Mischung aus Bregenzern und Touristen. ***Infos:*** *im Sommer tgl. 9.30–2, im Winter Mo–Fr 12–23 Uhr | Inselstraße 8 | Bregenz | Tel. +43 66 45 84 06 48 | Facebook: lustbregenz | €€*

EINKAUFEN

9 Gourmet & Papeterie

Postkarten schreiben ist out? Wie sehr freuen sich deine Kartenbedachten wohl, wenn du sie mit handgefertigten Kunstkarten bedenkst. Es gibt aber auch feinste Teesorten, super Kaffee und Schokolade vom Weltmeister ChocoMe aus Budapest. ***Infos:*** *Mo–Fr 7.30–19, Sa 8–18 Uhr | Kirchstraße 39a | Bregenz | gourmetundpapeterie.at*

NUR MAL CHILLEN

Den Bodensee fest im Blick kannst du hier ein paar wunderbare Stunden verbringen.

STELL- & CAMPINGPLÄTZE

10 Hier ist immer ein Platz frei

Der Platz liegt ganz nah am See und ist so groß, dass sich immer ein Plätzchen findet. Die Preise sind die gesamte Saison und für jeden Stellplatz gleich. Vorne am See führt direkt ein Fahrradweg entlang (E-Bikes gibt es zur Ausleihe), und Surfmax stellt die nötige Ausrüstung zum kajaken oder SUPen bereit. Saubere Sanitäranlagen. Hunde kommen gratis unter.

Seecamping

€€ | Hechtweg 1 | Bregenz | Tel. +43 55 74 71 895 | seecamping.at | Mitte Mai–Mitte Sept.
GPS 47.505756, 9.712429

- **Größe:** *450 Stellplätze*
- **Ausstattung:** *Waschmaschine, Trockner, Restaurant, Spielplatz, Tischtennis*

11 Naturnah nahhaltig

Ganz nah an der Natur liegt dieses kleine Camp mit parzellierten Plätzen an einer Minimarina. Für den entspannten Tag am See gibt es einen privaten Badestrand. Dank guter Ansätze wird hier nachhaltiger gewirtschaftet als anderswo. Es gibt nur Ökostrom, Sonnenenergie sorgt für Warmwasser und Brauchwasser spült die Toiletten.

Camping Salzmann

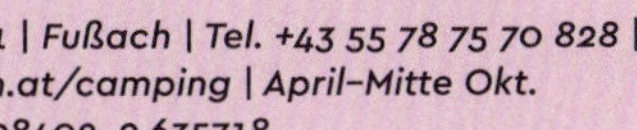
€ | Rohr 1 | Fußach | Tel. +43 55 78 75 70 828 | salzmann.at/camping | April–Mitte Okt.
GPS 47.498402, 9.635718

- **Größe:** *45 Stellplätze, drumherum zahlreiche Dauercamper*
- **Ausstattung:** *Waschmaschine, Trockner, Fahrradverleih, Spielplatz*

12 Für Aktive

Der moderne Platz mit viel Holz und Grün liegt an einem schönen Fluss. Von hier startet man in die Natur: ob allein oder auf einer der vom Camp geführten Touren, Aktivere buchen sich beim Canyoning ein. Kinder können in der hauseigenen Kletterhalle üben und werden den ganzen Tag betreut. Moderne Sanitäranlagen und Solarzellen auf dem Dach.

Camping Dornbirn

€€ | Gütlestraße 15 | Dornbirn | Tel. +43 55 72 29 119 | camping-dornbirn.at | ganzjährig
GPS 47.399418, 9.757724

- **Größe:** *114 Stellplätze*
- **Ausstattung:** *E-Bike-Verleih, Yoga, Waschmaschine, Trockner*

Planen – Packen – Losfahren

Anreise

Der eine fährt ins Nachbardorf, der andere ist den ganzen Tag unterwegs: Die Anreise nach Österreich kann sich je nach Wohnort in Deutschland ganz unterschiedlich gestalten. Von Hamburg aus braucht man etwa 10 Stunden – von eventuellen (oder soll man sagen: wahrscheinlichen) Staus mal ganz abgesehen. Wer aus dem Raum Köln kommt, ist schneller am Ziel: 6–7 Stunden reichen aus. Berliner und andere Ost-Deutsche können über Prag fahren – ein lohnender Zwischenstopp, mit dem sich die Anreise auch auf zwei Tage verteilen lässt.

STRECKENCHECK

1

Köln
Frankfurt
Stuttgart
Ulm
Bregenz

Entfernung
586 km
Reine Fahrzeit
6 Std. 13 Min.

Hamburg
Hannover
Würzburg
Nürnberg
München
Salzburg

Entfernung
949 km
Reine Fahrzeit
10 Std. 4 Min.

Berlin
Dresden
Prag
Brünn
Wien

Entfernung
675 km
Reine Fahrzeit
7 Std. 45 Min.

Kosten
Vignette: Österreich
9,60 €/10 Tage;
28,20 €/2 Monate

Ostsee
Nordsee
KIEL
ROSTOCK
GRONINGEN
HAMBURG
SZCZECIN
BREMEN
NL
BERLIN
HANNOVER
POTSDAM
POZNAŃ
PADERBORN
MAGDEBURG
Polska
DÜSSELDORF
KÖLN
ERFURT
DRESDEN
WROCŁAW
Deutschland
FRANKFURT
a. M.
WIESBADEN
MAINZ
PRAHA
Campingplatz
Triocamp
Česká Republika
WÜRZBURG
ARBRÜCKEN
NÜRNBERG
KARLSRUHE
BRÜNN
rance
STUTTGART
1
2
3
TRASBOURG
ULM
A
FREIBURG
IM BREISGAU
Wohnmobilhafen
am Chiemsee
Bernau-Felden
LINZ
BRATISLAVA
MÜNCHEN
WIEN
C
E
B
BREGENZ
SALZBURG
ERN
Alpencamping
Nenzing
INNSBRUCK
Österreich
Schweiz
Suisse/Svizzera/Svizra
F
GRAZ
HU
Alpen
D
KLAGENFURT
TRENTO
Slovenija
Italia
LJUBLJANA
ZAGREB
NOVARA
BRESCIA
VICENZA
TRIESTE
MILANO
VENEZIA
VERONA
PADOVA
Hrvatska
TORINO
Mittel-
meer
RIJEKA
100 km
PARMA
BIH

KÖLN – FRANKFURT – STUTTGART – ULM – BREGENZ

Die Reise startet in Köln und führt zunächst über die A3 über Limburg an der Lahn Richtung Frankfurt. Die Türme des Bankenzentrums lässt du allerdings links liegen; über die A67 und anschließend die A5 geht es weiter über Heidelberg bis nach Karlsruhe. Hier wechselst du auf die A8; sie führt über Stuttgart Richtung Ulm, wo du auf die A7 abbiegst. Der folgst du nun bis Memmingen, um dort auf die A96 abzubiegen. Sie führt quer durchs Allgäu Richtung Bodensee: Eine wunderschöne Landschaft, die das Herz erfreut – spätestens jetzt kannst du in den Urlaubsmodus schalten. Bei Lindau liegt die deutsch-österreichische Grenze. Nur ein paar hundert Meter abseits deiner Route befindet die **Insel Lindau;** mit ihrem Alten Rathaus, dem historischen Marktplatz und dem Hafen absolut sehenswert.

Für diesen kleinen Abstecher nimmst du bei Lindau die Ausfahrt 2 (Richtung Lindau/Nonnenhorn/Wasserburg). Du folgst der B12 und biegst dann auf die Inselstraße ab. Einen kleinen Parkplatz findest du gleich hinter der Brücke links vom ersten Kreisverkehr *(GPS 47.547899, 9.689630)*. Von hier aus kannst du die Altstadt gut zu Fuß erkunden. Vielleicht schaust du auch mal im gemütlichen **Café Großstadt** vorbei – das wird seinem Namen zwar überhaupt nicht gerecht, ist aber genau deshalb immer gut für eine kleine Stärkung *(Mi–So 11.30–22 Uhr | In der Grub 27 | Lindau | Tel. 08 38 25 04 29 98 | grossstadt-lindau.de)*.

Um anschließend nach Österreich zu kommen, musst du nicht zurück auf die Autobahn. Fahr einfach am Seeufer die Bregenzer Straße entlang – die hält, was ihr Name verspricht.

HAMBURG – HANNOVER – WÜRZBURG – NÜRNBERG – MÜNCHEN – SALZBURG

Von Hamburg aus fährst du über die A7 nach Süden; über Hannover, Kassel und Fulda bis Würzburg, wo es auf der A3 weiter geht bis Nürnberg. Dort auf die A9 bis München. Der östliche Autobahnring (A99) umrundet die bayerische Metropole und bringt dich zur A8, die am Chiemsee vorbei geradewegs nach Salzburg führt.

Je nach Verkehr kannst du alternativ bei Würzburg auf der A7 bleiben, um bei Memmingen auf die A96 Richtung München einzuschwenken. Dann entfällt die Stadtumrundung auf der A99.

Der Chiemsee ist übrigens nicht nur einen Zwischenstopp wert, sondern auch ein guter Platz, um nach der langen Fahrt einen Übernachtungsstopp einzulegen und am nächsten Morgen frisch und ausgeruht in Salzburg anzukommen. Der **Wohnmobilhafen** in **Bernau-Felden** ist ein empfehlenswerter, rund um die Uhr geöffneter Stellplatz, nah an der Straße und nur ein paar Schritte vom Wasser entfernt *(Rast-*

hausstraße 15 | Bernau am Chiemsee | Tel. 08 05 19 63 15 25 | wohnmobil hafen-am-chiemsee.de).

Wer seine Österreichreise nicht in Salzburg beginnen will, kann auch das direkt südlich gelegene Innsbruck ansteuern. Eine Möglichkeit ist, über die A95 und die B2 vorbei am Starnberger See zu fahren, dann weiter über Garmisch-Partenkirchen und Seefeld in Tirol. Alternativ geht es über die A8 und die B318 vorbei am Tegernsee und – schon in Österreich – am **Achensee,** wo ein **Abenteuerpark** mit Hochseilgarten, Bogenschießen und anderen Outdoor-Aktivitäten lockt *(Achenseesbundesstraße 7a | Achenkirch/ Tirol | abenteuer-achensee.at).* Klingt nach Urlaub, oder?!

BERLIN – DRESDEN – PRAG – BRÜNN – WIEN

Wer von Berlin aus startet, könnte die Strecke Leipzig – Nürnberg – München nehmen, um in Salzburg, Innsbruck oder Bregenz einzureisen: Das wäre der direkte Weg in die alpinen Regionen des Landes. Man kann aber auch die Gelegenheit nutzen, einmal quer durch Tschechien zu fahren und die Reise in Wien zu beginnen. Dabei liegt mit Prag noch eine weitere Hauptstadt auf dem Weg.

Dafür nimmt man in Berlin die A113; nach dem Verlassen des Stadtgebiets wird sie zur A13 und führt südwärts nach Dresden. Von dort geht es auf der A17 weiter an die tschechische Grenze. Die A8 führt (zunächst als E442, später dann als E55) bis in die „goldene Stadt" **Prag.** Mit ihrem historischen, von Gotik und Barock bestimmten Stadtbild ist sie unbedingt einen Zwischenstopp wert – vielleicht sogar eine Übernachtung? Kein Problem: Am nördlichen Stadtrand, zehn Autominuten vom Zentrum entfernt (20 Min. mit den Öffis) liegt der angenehme **Campingplatz Triocamp** *(Obslužná 35 | Praha-Dolní Chabry | Tel. +42 07 22 24 23 43 | trio.camp.cz).* Und wer nur mal für einen Kaffee in die Altstadt möchte – nun, der wird auf jeden Fall fündig: Prags Kaffeehauskultur ist legendär. Wer sich was gönnen möchte, geht ins noble **Café Imperial** und lässt sich vom prunkvollen Ambiente erschlagen *(im Art Deco Imperial Hotel | Na Poříčí 1072/15 | Tel. +42 02 46 01 14 40 | tgl. 7–23 Uhr | Reservierung erforderlich | cafeimperial.cz).*

Insider-Tipp

Welche Bohne hätten's denn gern?

*Im sympathischen kleinen **Café Kafíčko** (nahe der Karlsbrücke | Facebook: cafekaficko) kannst du dir sogar die Herkunft der Kaffeebohnen selbst aussuchen: Mexiko, Kenia oder doch lieber Equador?*

Auf der A1 (E50) geht es nun in südöstlicher Richtung weiter bis Brünn, hier biegst du ab auf die A52 (E461) und überquerst kurz darauf die Grenze nach Österreich. Die Autobahn heißt jetzt A5 und bringt dich in einer guten Stunde nach Wien.

Adventure Kids

Coole Spiele für lange Fahrten

Ich packe meinen Koffer

Der Erste startet mit dem Satz „Ich packe meinen Koffer und nehme mit ..." und nennt einen Gegenstand. Reihum fügt ihr nun immer eine weitere Sache hinzu, müsst aber immer alle anderen bisher genannten Dinge davor aufzählen. Wer sich irrt, scheidet aus. Wie viele Dinge schafft ihr, in euren Koffer zu packen?

Wort an Wort

Ein Mitspieler beginnt, indem er ein Wort nennt. Legt euch dabei auf eine Kategorie fest: Tiere, Berufe oder Orte. Wenn ihr euch auf Tiere einigt, könnt ihr zum Beispiel mit „Elefant" anfangen. Der nächste Spieler muss dann ein Tier mit dem letzten Buchstaben dieses Worts nennen, hier mit t, zum Beispiel „Tiger". Ihr könnt es noch ein bisschen schwieriger machen, indem ihr zusammengesetzte Wörter nutzt. Zum Beispiel „Bauherr" – „Herrenhaus" – „Haustür" und so weiter. Wem nichts mehr einfällt, scheidet aus.

Österreichische Geschichten erfinden

Erfindet gemeinsam eine Abenteuergeschichte (oder auch ganz viele)! Einer von euch denkt sich den Beginn der Geschichte aus. Der Nächste knüpft dann dort an, wo der Erste aufhört, und erzählt weiter. Solange, bis ihr zu Ende erzählt habt. So geht es los: Es war einmal ein Almwirt, der hatte einen schwarzen Bart und ein Holzbein ...

Entdeckungsreise Österreich

Welchen Tieren bist du im Urlaub bereits begegnet?

- ○ Reh
- ○ Kuh
- ○ Frosch
- ○ Murmeltier
- ○ Schaf
- ○ Ziege

Das Österreich-Quiz

1. In Österreich siehst du viele Kühe, doch wie nennt man eigentlich eine männliche Kuh?

   ____

   Stier

2. Welcher große Fluss fließt durch die Hauptstadt Wien?

   ____

   Donau

3. In Salzburg lebte ein berühmter Musiker und Komponist. Wie war sein Name?

   ____

   Wolfgang Amadeus Mozart

4. Wie heißt der höchste Berg Österreichs, und wie hoch ist er?

   ____

   Großglockner, 3798 m

In der Hauptstadt Wien gibt es einen großen Vergnügungspark mit einem Riesenrad, mit dem man rauf und runter fahren kann. Zeichne ein Bild, wie du dir dieses vorstellst.

Gut zu wissen

Adapter & Strom

Der blaue Campingadapter *(CEE-Stecker)* ist Gold wert: Nur mit ihm kann man sich auf dem Campingplatz mit Strom versorgen. Ein (möglichst langes) Verlängerungskabel ist ebenfalls sinnvoll.

Ärztliche Versorgung & Gesundheit

Die medizinische Versorgung Österreichs ist mit der in Deutschland vergleichbar. Aufgrund eines Sozialversicherungsabkommens kann man sich mit seiner normalen Gesundheitskarte *(Europäische Krankenversicherungskarte EHIC)* in öffentlichen Krankenhäusern und bei Vertragsärzten behandeln lassen.

Campingplätze

Es gibt fast 600 Campingplätze im Land; zum nächsten ist es also nie besonders weit. Der Standard ist überall recht hoch; die Anlagen sind gepflegt und sauber. Auch für Campingeinsteiger ist das Land daher gut geeignet. Wichtig: Viele Plätze müssen bar bezahlt werden.

NOTFALLNUMMERN

Notruf/Feuerwehr: 122
Polizei: 133
Rettungsdienst: 144
Apothekennotdienst: Auskunft 1455
Gift-Informationszentrum: +43 14 06 43 43
Sperrnummer bei EC-/Kreditkarten- oder Handyverlust: +49 116 116

Diplomatische Vertretungen

Deutsche Botschaft
Gauermanngasse 2–4 | Wien | Tel. +43 1 71 15 40 | *wien.diplo.de*

Konsulat (für Pässe)
Strohgasse 14c | Wien | Tel. +43 17 11 54 123 | Mo u. Mi–Fr 9–12.30, Di 13–16 Uhr | nur nach Terminvereinbarung

Schweizerische Botschaft
Prinz-Eugen-Straße 9a | Wien | Tel. +43 17 95 05 | *eda.admin.ch/wien*

Entsorgungsstellen

Die meisten Campingplätze und auch einige Stellplätze bieten Entsorgungsstellen für Grauwasser und Chemietoiletten.

Hund, Katze, Maus

Der EU-Heimtierausweis ist bei der Einreise ebenso Pflicht wie die vorschriftsmäßigen Impfungen und Chippungen. Anlein- und Maulkorbpflicht sind regional unterschiedlich geregelt. Auf Campingplätzen müssen Hunde angeleint sein. Mehr Infos unter *oesterreich.gv.at/themen/freizeit_und_strassenverkehr/haustiere/Seite.742050.html*

Impfungen

Mediziner raten in den Sommermonaten zu einer FSME-Impfung *(Frühsommer-Meningoenzephalitis)* gegen Zeckenbisse.

Maut & Vignetten

Autobahnen und Schnellstraßen sind in Österreich vignettenpflichtig. Vignetten gibt es mit Laufzeiten von zehn Tagen (9,60 €), zwei Monaten (28,20 €) oder einem Jahr (93,80 €), alle Preise Stand März 2022. Käuflich zu erwerben sind die Vignetten an über 6000 Stellen (in Deutschland u. a. an den Autobahntankstellen vor den Grenzübergängen) sowie online unter *asfinag.at*. Wer ein Wohnmobil mit über 3,5 t Gesamtgewicht bewegt, muss sich eine GO-Box zur kilometerweisen Abrechnung der Fahrstrecke besorgen. Vertriebsstellen im Internet unter *asfinag.at/maut-vignette/vertriebsstellen*.

Zusätzlich wird für manche Streckenabschnitte eine gesonderte Maut fällig: auf der A9 (Pyhrnautobahn), der A10 (Tauernautobahn), der A11 (Karawankenautobahn), der A13 (Brennerautobahn) und der S16 (Arlbergschnellstraße). Grund sind v. a. die teuren Tunnel (Preise: 7,60–13 € pro Fahrt).

Wer keine Autobahn nutzen will, kommt in Österreich trotzdem gut zurecht. Die Fahrten führen über reizvolle Strecken.

Öffnungszeiten

Der rechtliche Rahmen für Öffnungszeiten liegt bei Mo–Fr 6–21 und Sa bis 18 Uhr. Supermärkte öffnen meist zwischen 8 und 20 Uhr. An Sonn- und Feiertagen bleiben die Läden geschlossen; nur wo Fremden-

WAS KOSTET WIE VIEL?

Eis 1,50–2 € pro Kugel

Ein Stück Sachertorte 5,60 €

Wiener Schnitzel 15–18 €

Museumseintritt 4–8 €/Pers.

Taxifahrt (zzgl. Grundgebühr, Nachtzuschlag etc.) 0,50–0,80 €/km

Parken 1–3 €/Std., **an Parkplätzen für Ausflüge oft als Tagesticket** 3–10 €

verkehr herrscht, sind Ausnahmen möglich. Die gibt es auch für Kioske, Süßwaren- und Souvenirgeschäfte sowie an Flughäfen und Bahnhöfen.

Parken, Abstellen & Freistehen

Auf den Parkplätzen der Innenstädte werden meist Parkgebühren fällig; ebenso an vielen Sehenswürdigkeiten. Unberechtigtes Parken auf privatem Grund oder das Zuparken eines anderen Fahrzeugs kann zu einer gerichtlichen „Besitzstörungsklage" führen. Parken und Halten in zweiter Reihe ist ebenso verboten wie Schrägparken auf dem Gehsteig und das (auch kurzzeitige) Halten an Bushaltestellen. Die blaue Parkscheibe, wie sie z. B. in Deutsch- land und der Schweiz verwendet wird, ist nicht gültig (die österreichische Version gibt es vor Ort, für einen Urlaub braucht man sie eher selten). Alle Infos zur Straßenverkehrsordnung auf *ris.bka.gv.at*.

Sicherheit & Warnhinweise

Österreich ist ein sicheres Reiseland. Das Auswärtige Amt warnt vor Kleinkriminalität wie Handtaschenraub an touristisch sehr frequentierten Orten der Großstädte. Und dass die Alpen- und Seenlandschaften kein völlig ungefährlicher Abenteuerspielplatz sind, sollten nicht nur Bergsteiger, sondern auch die Eltern kleinerer Kinder immer im Kopf behalten.

Supermärkte

Das Aufstocken der Womovorräte ist kein Problem: mit 1500 Spar-Filialen, fast genauso vielen Billa-Märkten, über 500 Hofer-Läden (lokale Aldi-Variante), fast 500 Nah&Frisch-Geschäften und noch einmal halb so vielen LIDLs ist das Land sehr gut mit dem Wichtigsten versorgt. Regional geprägt ist vor allem das Angebot von Billa, ebenso wie die Bauernmärkte und kleinen Läden.

Insider-Tipp

Lust auf Lokales?

Gemüse und Obst bieten die Bauernmärkte und die Selbstbedienungsstände an den Straßen. Käse- und Fleischspezialitäten lagern oft in Automaten – die sich am Wegesrand oder an Ausflugszielen finden. Augen aufhalten und probieren!

Tempolimits & Bußgelder

Wenn nicht anders beschildert, gelten innerorts 50 km/h, außerhalb von Ortschaften 100 km/h und auf Autobahnen 130 km/h als Höchstgeschwindigkeit – für PKW bis 3,5 t. Wer ein schweres Womo fährt (3,5–7,5 t), darf außerorts

nur 70 km/h und auf der Autobahn nur 80 km/h fahren.

Innerhalb des Landes werden verschieden hohe Bußgelder erhoben – besser nicht drauf ankommen lassen! Neben den feststehenden Blitzern droht besondere „Gefahr" von mobilen 2-Personen-mit-Messgerät-Einheiten, die man grundsätzlich immer erst sieht, wenn es zu spät ist.

Warnwesten

Neben Verbandszeug und Warndreieck gehört die Warnweste für den Fahrer in gelb, orange oder rot zur Pflichtausstattung eines Kfz in Österreich. Sie muss das europäische Kontrollzeichen EN 471 tragen (erkennbar am Aufnäher in der Innenseite).

Wohnmobilvermietungen

Wildcampen und Freistehen sind in ganz Österreich verboten. Vor allem in touristischen Gegenden wird dies auch sehr streng gehandhabt. Die Bußgelder gehen bis 500 €, und wer in einem Nationalpark erwischt wird, muss mit noch deutlich höheren Strafen rechnen. Angesichts der hohen Campingplatzdichte im Land besteht aber eigentlich keine Notwendigkeit, dieses Risiko einzugehen.

REISEZEIT & WETTER

Klar, für Wintersportler ist Österreich natürlich in der Skisaison von Dezember bis Februar interessant. Die Saison für Campingfreunde ist länger: Von Mai bis September herrscht das beste Klima. Im Juli/August ist Hauptsaison: Hier liegen auch in Österreich die Sommerferien, es wird allerorts sehr voll, und wer unbedingt auf einem ganz bestimmten Campingplatz stehen will, sollte vorbuchen.

Feste & Events

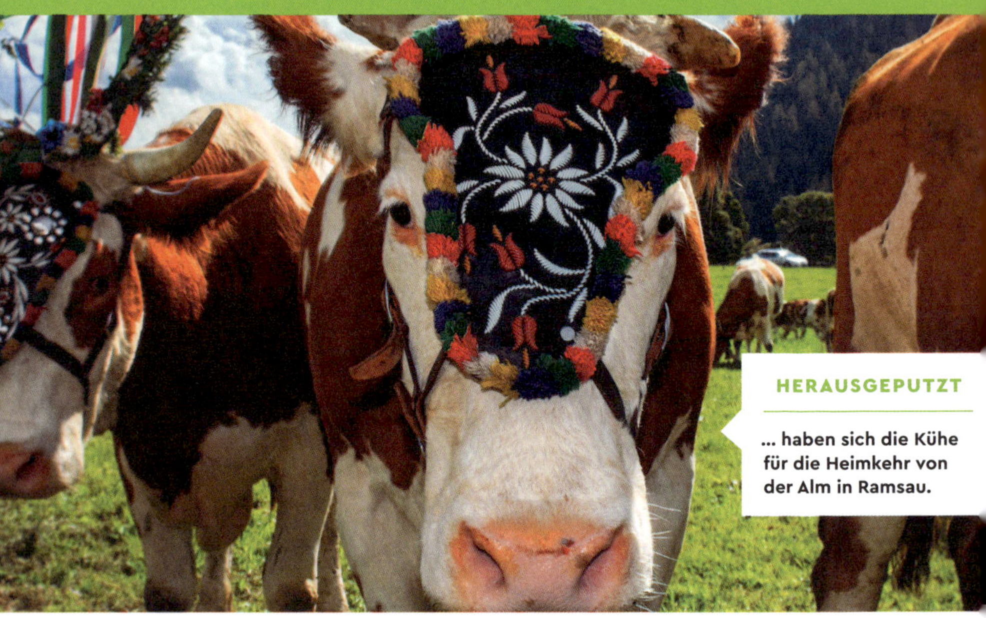

HERAUSGEPUTZT

… haben sich die Kühe für die Heimkehr von der Alm in Ramsau.

Januar

Dolomitenlauf: Österreichs größte Skilanglaufveranstaltung am dritten Januarwochenende für Funsportler und Profis. *dolomitensport.at*

Mai

Gauderfest: Größtes Frühlings- und Trachtenfest des Landes am ersten Maiwochenende, Zillertal. *gauderfest.at*

Juni

Glocknerkönig: Radfahren auf der Großglockner Hochalpenstraße zum Fuschertörl auf 2445 m am ersten Sonntag im Juni 7–10.30 Uhr. *glocknerkoenig.com*

Juni/Juli

Jazz-Fest Wien: Drei Wochen Jazz an den schönsten Spielorten der Stadt. *jazzfest.wien*

August

Frequency: Woodstockfeeling in St. Pölten auf dem (sehr) langen Festivalwochenende Mitte August. Einheimische und internationale Acts. Großer Campingbereich. *frequency.at*

Goiserer Gamsjagatage: Ende August ist jede Menge los am Hallstätter See, wenn in Bad Goisern Brauchtum, Tradition und jede Menge Gaudi den Alltag übernehmen. *gamsjagatage.goisara.at*

September

Alphorntage: Es sind traditionsreiche Klänge, die im Kleinwalsertal von den Almen schallen. *kleinwalsertal.com*

Ars Electronica: Das Linzer Festival für Kunst, Technologie und Gesellschaft findet weltweit Beachtung. *ars.electronica.art*

European Bike Week: Eine ganze Woche lang röhren die Motoren, wenn der Faaker See zum Mekka der Motorrad-Fans wird. *bikeweek.at*

Handwerksfest Tirol: Jedes Jahr am zweiten Septemberwochenende kann man in Seefeld alte Handwerkskunst bestaunen und den Meistern ihres Fachs bei der Arbeit zusehen. *seefeld.com*

Herbstgold: Neben musikalischen Genüssen kommt bei diesem Festival im Schloss Esterházy in Eisenstadt auch die Kulinarik nicht zu kurz. *herbstgold.at*

Internationales Brahmsfest: Nur alle zwei Jahre findet dieses Musikfestival, das die Herzen von Klassikhörern höher schlagen lässt, in Mürzzuschlag in der Steiermark statt. Nächster Termin: 2023. *brahmsmuseum.at*

Vienna City Marathon: Am zweiten Sonntag im September gehört Österreichs Hauptstadt den Asphaltlangläufern. *vienna-marathon.com*

Insider-Tipp

5 statt 42

42 Kilometer sind dir zu viel? Die fünf Kilometer lange Strecke des Vienna Night Run zwei Wochen nach dem Septembermarathon ist eine Alternative! viennanightrun.at

September/Oktober

Almabtriebe: Wenn der Sommer zu Ende geht, werden Rinder, Pferde, Schafe und Ziegen von ihren Alpenweiden ins Tal geholt – in vielen Regionen Österreichs ein festliches Spektakel. Wann genau, wissen die Einheimischen – einfach fragen.

Oktober

Tour de Tirol: Bei dem dreitägigen Laufevent am Wilden Kaiser werden Hobbysportler genauso glücklich wie Superprofis. Sogar für Kinder sind entsprechende Strecken ausgearbeitet. *tourdetirol.at*

FEIERTAGE

1. Jan.	Neujahr
6. Jan.	Heilige Drei Könige
Ostermontag	
Christi Himmelfahrt	
Pfingstmontag	
6. Juni	Fronleichnam
15. Aug.	Mariä Himmelfahrt
26. Okt.	Nationalfeiertag
1. Nov.	Allerheiligen
8. Dez.	Mariä Empfängnis
24. Dez.	Heiliger Abend
25. Dez.	Weihnachten
26. Dez.	Stefanitag
31. Dez.	Silvester

Camper-Packliste

CAMPINGAUSRÜSTUNG

- ○ Gasflasche (und ev. Gasinhaltsmesser)
- ○ Frischwasserkanister
- ○ Abwasserschlauch
- ○ Kabeltrommel
- ○ Campingstromadapter
- ○ Auffahrkeile oder Holzbretter als Stütze
- ○ Sanitärflüssigkeit für Campingtoilette (falls vorhanden)
- ○ Toilettenpapier
- ○ Campingstühle und -tisch
- ○ Markise und Vorzelt
- ○ Heringe und Gummihammer
- ○ Handfeger und Schaufel
- ○ Decke und Kopfkissen, alternativ Schlafsack
- ○ Wäscheleine und -klammern
- ○ Campingleuchte oder Laterne
- ○ Taschenlampe oder Stirnlampe
- ○ Taschenmesser
- ○ Duct-Tape
- ○ Handwaschmittel
- ○ Mückenspray, Sonnencreme
- ○ Nagelset (inkl. Pinzette)

Zusätzlich

- ○ MARCO POLO Straßenkarte(n)
- ○ Grill (Koffergrill oder Gasgrill)
- ○ Hängematte
- ○ Decke
- ○ Kartenspiele
- ○ Mehrfachsteckdose
- ○ USB-Adapter für Zigarettenanzünder
- ○ Powerbank

SICHERHEITSAUSRÜSTUNG

- ○ Reiseapotheke
- ○ Verbandskasten (Ablaufdatum beachten)
- ○ Warndreieck und -weste (1 pro Person)
- ○ Feuerlöscher
- ○ Ersatzreifen
- ○ Wagenheber und Radkreuz
- ○ Ersatzkanister und Einfüllstutzen
- ○ Motoröl
- ○ Starthilfekabel
- ○ Abschleppseil
- ○ Werkzeugkasten
- ○ evtl. Ersatzglühbirnen und -sicherungen

CAMPINGKÜCHE

- ○ Küchenutensilien
- ○ Kühlbox (wenn kein Kühlschrank eingebaut)
- ○ Töpfe, Pfannen
- ○ Besteck inkl. Kochlöffel, Teller, Tassen, Gläser
- ○ (Brot-, Schneide-) Messer
- ○ Tupperdosen (für Reste)
- ○ Sieb
- ○ Reibe
- ○ Dosenöffner
- ○ Flaschenöffner, Weinöffner
- ○ Alufolie
- ○ Schere
- ○ Geschirrtücher, Spülmittel, Lappen, Küchenrolle
- ○ Topflappen
- ○ Müllbeutel
- ○ Kaffeekocher
- ○ Feuerzeug, Streichhölzer

NAHRUNGSVORRAT

- ○ Salz & Pfeffer, Gewürze (z. B. in kleinen Gläsern)
- ○ Öl, Essig
- ○ Kaffee, Tee
- ○ Müsli, Cornflakes
- ○ Brot, Aufstriche
- ○ Vorratslebensmittel (Nudeln, Reis, Linsen)
- ○ Gemüsekonserven: Tomaten, Mais, Kidneybohnen
- ○ Notration Essen (z. B. Dosenravioli)
- ○ Getränke

Fahrzeug-checkliste

Experten-Check von PaulCamper

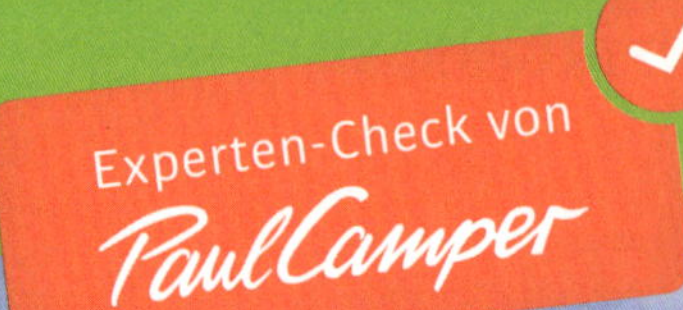

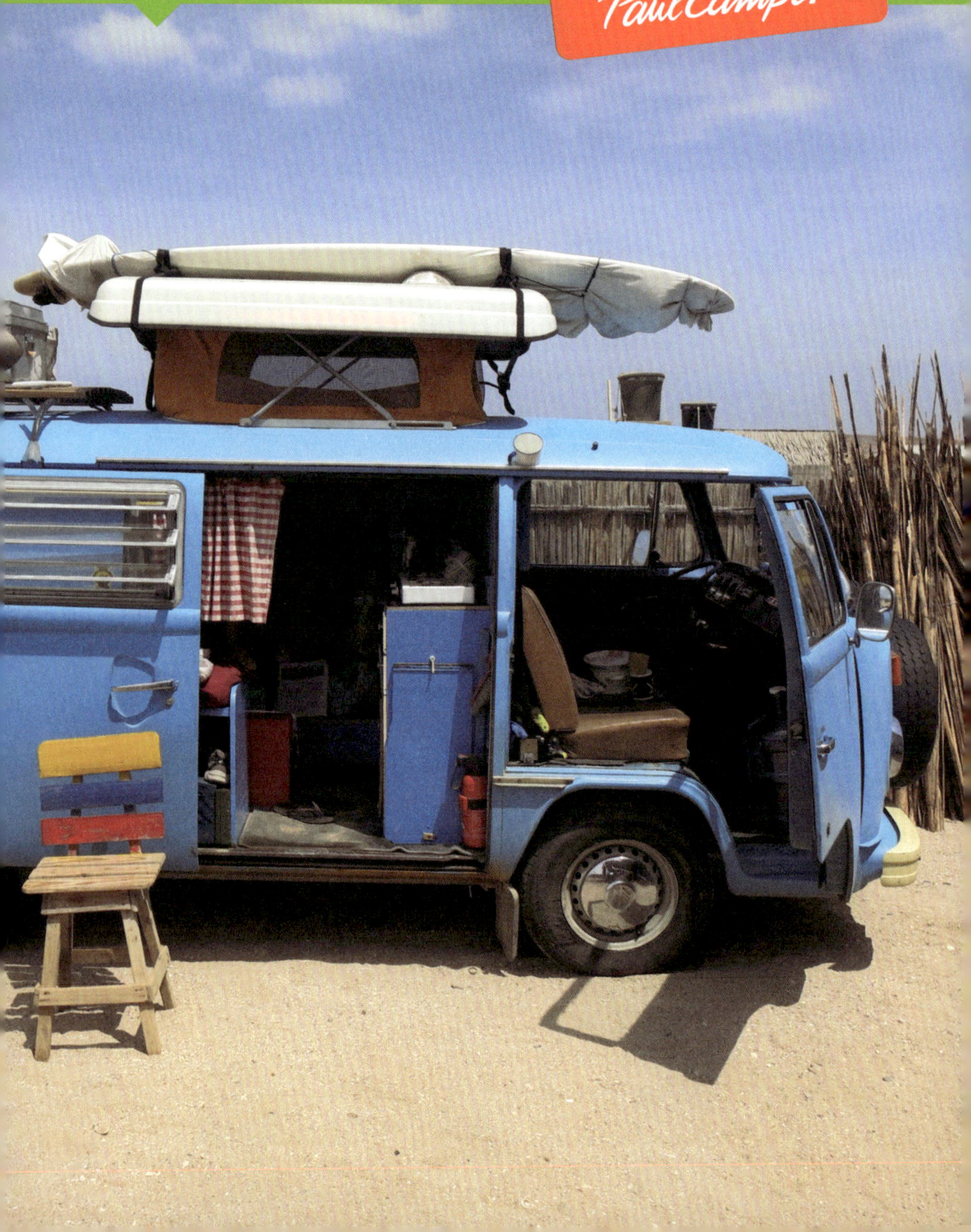

LÄNGERFRISTIG

- Gasprüfung gültig?
- Grüne Versicherungskarte gültig?
- HU/AU (Haupt- und Abgasuntersuchtung) gültig?
- Auflaufbremse geprüft (Fachwerkstatt)

MITTEL- & KURZFRISTIG

- Was tanken (Benzin/Diesel)?
- Beladungsgrenze/-zustand?
- Welche Reifen für die Destination nötig?
- Winter- bzw. Sommerreifen montiert?
- 12-V-Kabel vorhanden?
- Profiltiefe der Reifen gecheckt?
- Ölstand gecheckt?
- Kühlmittelstand gecheckt?
- Reifendruck gecheckt?
- Öl, Kühlwasser und AUS 32/AdBlue bei Dieselmotor zum Nachfüllen vorhanden?
- Ladezustand Starterbatterie und Wohnraumbatterie gecheckt?
- Toilette an Bord und entleert?
- Wassertank vorhanden und gefüllt?
- Wasserpumpe funktioniert?
- Gasvorrat vorhanden?
- Markise/Sonnensegel/Regenalternative vorhanden?
- Vorzelt nötig?
- Wohnwagen: Elektrostecker funktionieren (Bremslichter und Co)?

VOR DER ABFAHRT

- Dachluke geschlossen?
- Fenster zu?
- (Stand-)Heizung aus?
- Markise eingefahren und gesichert?
- Kühlschrank verriegelt und auf 12 V umgestellt?
- Alles vom Tisch geräumt und gesichert?
- Schubladen/Schränke sicher geschlossen?
- Tische und Stühle sicher verstaut?
- Herdabdeckung zu?
- Gasventil geschlossen?
- 230-V-Kabel getrennt und eingepackt?
- Wasserpumpe abgeschaltet?
- Abwassertank geschlossen?
- Trittstufe eingefahren?
- Stützen eingefahren und Keile verstaut?
- Wassertankdeckel verschlossen?
- Handbremse gelöst?
- Heckgarage abgeschlossen?
- Alle Mitfahrer inklusive Hund an Bord?

Dann kann´s losgehen!

Urlaubsfeeling

Playlist

▶ **Falco – Rock Me Amadeus**
Der einzige deutschsprachige Song, der je an der Spitze der Billboard-Top-100-Charts stand.

▶ **Wolfgang Amadeus Mozart – Die Zauberflöte**
Das berühmteste Werk des Klassikmeisters wurde 1791 uraufgeführt.

▶ **Udo Jürgens – Merci Chéri**
Mit diesem Song gewann der Sänger 1966 den Eurovision Song Contest.

▶ **DJ Ötzi – Anton aus Tirol**
Der Gute-Laune-Song von 1999 darf bis heute auf keiner Schlagerfete fehlen.

▶ **Bilderbuch – Maschin**
Super Album der Wiener Art-Pop-Band.

▶ **Gustav – Die Hälfte des Himmels**
Die Lieder von Eva Jantschitsch sind ein Mix aus Chanson, Musical und Folk-Musik.

Den Soundtrack zum Urlaub gibt's auf **Spotify** unter **MARCO POLO Austria**

Lesestoff & Filmfutter

Die Schwabenkinder – Die Geschichte der Kaspanaze – Der 2002 erschienene Besteller von Elmar Bereuter beleuchtet ein dunkles Kapitel deutsch-österreichischer Geschichte, als in Not geratene Bauernfamilien ihre Kinder zu Fuß über die schneebedeckten Alpen auf Kindermärkte nach Deutschland schickten, wo sie als billige Arbeitskräfte verkauft wurden.

Sissi – Der Kultklassiker mit Romy Schneider wurde am 21. Dezember 1955 in Wien uraufgeführt. Die Fortsetzungen „Sissi – Die junge Kaiserin" und „Sissi – Schicksalsjahre einer Kaiserin" erschienen jeweils ein Jahr später. Gefühlvoll und romantisch erzählt Drehbuchautor und Regisseur Ernst Marischka die Geschichte der Kaiserin Elisabeth (1837–1898). In der Filmkritik gelten die Filme allerdings als Kitsch.

Toni Erdmann – Die 2016 erschienene Vater-Tochter-Tragikkomödie der Regisseurin Maren Ade bekam als deutsch-österreichische Koproduktion zwar keinen Oscar, dafür aber gleich sechs Lolas beim Deutschen Filmpreis: Bester Film, Beste Regie, Beste Hauptdarsteller ... anschauen!

Apps, Blogs, Websites & Videos

Unwetterzentrale Österreich
Die kostenlose App warnt vor gefährlichen Naturereignissen wie Gewitter, Sturm und Hagel: Sollte auf keinem Camper-Handy fehlen. Für Android und iOS | *uwz.at*

Locandy
Die im wahrsten Sinne des Wortes wegweisende App aus Innsbruck ermöglicht spannende und spielerische Entdeckungstouren im ganzen Land; Cityguides gibt es ebenso wie Wander- und Erlebniswege oder Museums- und Burgführungen. Für Android und iOS | *cms.locandy.com*

Park4Night
Hilfe bei der Stellplatzsuche – für die viele Camper die erste Wahl im undurchsichtigen Dschungel der Camper-Apps. Eine große Community tauscht aktuelle Tipps und Infos aus. Für Android und iOS | *park4night.com*

Maps.me
Die Karten- und Navigations-App hat den großen Vorteil, dass sich die Karten herunterladen und offline nutzen lassen. Ganz Österreich umfasst knapp 600 MB; so viel Platz muss sein. Für Android und iOS | *maps.me*

beyondarts Art & Culture Guides
Wissens- und Staunenswertes zu Kunst und Kultur als Audioguide für ausgewählte Locations. Für Android und iOS

Tourismus-Portal
Macht Lust zu Reisen: Abwechslungsreiche Seite mit Infos und Inspirationen aus allen Landesteilen | *austria.info*

WEGTRÄUMEN

Mit Playlist, Lesestoff und Filmen den Urlaub aufleben lassen.

Register

Register

Stell- & Campingplätze

Tour A

Tour B

Tour C

Tour D

Tour E

Tour F

Anreise

Impressum

Titelbild: Passstraße zwischen Warth und Schröcken (mauritius images/Norvarc Images: D. Schmelz)

Fotos: iStock.com: anyaberkut (176/177), apomares (191), Bee-individual (192), Koldunov (195); Robin Kuhnhenne (199); Andrea Markand (6, 11, 36, 55, 79, 94, 116, 140, 144, 148, 166, 174); Mark Markand (64, 88, 90, 187); mauritius images: D. Delimont (42), R. T. Frank (150, 170), V. Preusser (68), Westend61 (12, 46), G. Wild (59, 66, 86, 102); mauritius images/Alamy: M. Gottschalk (56), J. Sedmak (84); mauritius images/Alamy stock Photos: A. Karnholz (120); mauritius images/Alamy Stock Photos: A. Mayovskyy (22); mauritius images/Alamy stock Photos: J. Tack (101); mauritius images/hemis/fr (60); mauritius images/imageBROKER: Siepmann (31), W. Weinhaeupl (164); mauritius images/K3S/Alamy: o (82); Shutterstock.com: aldorado (32), Alizada Studios (92), auerimages (18/19), Basotxerri (162), S. Dannhauer (96, 126, 155), DisobeyArt (4/5), dropy76 (156), ELEPHOTOS (136), M. Erdniss (Klappe vorn innen), Flugklick (28), FooTToo (114, 131), C. Freund (16), Gaschwald (75), V. Goloborodko (132), N. Huebl (106), A. Jedynak (138), josefkubes (27), P. Kazmierczak (105), G. Kurka (38), Lunghammer (80), Magic Orb Studio (159), T. Marek (44), R. Mechan (40), D. Meszaros (76), Mny-Jhee (17), mRGB (110), A. Naegeli (118), nikolpetr (122), G. Nuyts (108), Risen20019 (Klappe hinten innen), RukiMedia (172), Sander-photography (188), W. Simlinger (17), N. Skladanyi (15), T. Skuhra (112), W. Spremberg (142), sy-uname (124), theplaceweare (168), tourpics_net (70), trabantos (62, 160), truembie (35), Ttstudio (51), Umomos (8, 146), Virrage Images (135)

1. Auflage 2022

Autor:innen Andrea & Mark Markand
Lektorat & Bildredaktion: Susanne Schleußer, derschönstesatz
Kartografie: © MAIRDUMONT, Ostfildern, unter Verwendung von Kartendaten von OpenStreetMap, Lizenz CC-BY-SA 2.0
Gestaltung Umschlag & Layout: Sofarobotnik, Augsburg & München

Printed in Italy

Lob oder Kritik? Wir freuen uns auf deine Nachricht!

Trotz gründlicher Recherche schleichen sich manchmal Fehler ein. Wir hoffen, du hast Verständnis, dass der Verlag dafür keine Haftung übernehmen kann. Wir freuen uns aber, wenn du uns schreibst: MARCO POLO Redaktion • MAIRDUMONT • Postfach 31 51 • 73751 Ostfildern • info@marcopolo.de

MARCO POLO AUTOREN

Andrea & Mark Markand

„So ein schönes Land. Hier sollten wir mal länger bleiben." Das haben sich die Weltentdecker Andrea & Mark Markand viele Male gesagt, als sie auf ihrem Weg nach Süden Österreich durchquerten. Und als es dann endlich soweit war, mussten sie lernen: „Hier ist es ja noch viel schöner als gedacht."

Bloß nicht …

1 *Wild campen*

So reizvoll und abenteuerlich das auch erscheinen mag: Österreich ist nicht das richtige Land für derartige Eskapaden. Wer erwischt wird, muss mit hohen Geldbußen rechnen. Besonders scharf kontrolliert wird in Tirol und an allen weiteren touristischen Hotspots des Landes.

2 Eigene „Abkürzungen" nehmen

Bei Wanderungen (vor allem im Hochgebirge) solltet ihr die ausgeschilderten Wege auf gar keinen Fall verlassen! Ansonsten kommen vielleicht im besten Fall die Bergretter, um euch zu bergen, im schlimmsten Fall – doch so weit lassen wir es nicht kommen, okay?!

3 FREMDE KÜHE STREICHELN

Gut, man fragt sich: Warum sollte das jemand tun wollen. Aber es scheint wohl oft genug vorzukommen, denn eine im ganzen Land ausliegende Broschüre weist ausdrücklich auf diese „Alm-Etikette" hin.

4 MIT EINEM TRECKER ANLEGEN

Die Erfahrung lehrt: Tuckernde Trecker und andere landwirtschaftliche Großgeräte haben in Österreich eine eingebaute Vorfahrt – zumindest Verkehrsteilnehmern mit ausländischen Kennzeichen gegenüber. Da nutzt es auch nichts, dass man längst zuerst auf die schmale Brücke eingebogen war. Am besten wie Braunbären behandeln: nicht füttern und respektvollen Abstand halten; dann zügig und so unauffällig wie möglich den Rückzug antreten. Auch akustische Kundgebungen wie erbostes Hupen sind wenig zielführend.

5 *Wurst auf Wienerisch bestellen*

Das kann ja heiter werden: Wer am Würstlstand versucht, wie ein Einheimischer „A Eitrige mit an Schoafn, an Bugl und an 16er Blech dazua" zu bestellen, kann sich auf allerlei spannende Reaktionen gefasst machen, aber nicht damit rechnen, tatsächlich eine Käsekrainer mit scharfem Senf, ein Stück Brot und eine Dose Bier zu bekommen. Wer unbedingt seine Sprachskills testen will, kann mit „Servus" und „Grias di" einsteigen.